장콩 선생의
우리 역사
이야기

장콩 선생의
우리 역사 이야기

장용준 지음

2
고려~조선

살림Friends

함께 역사 여행을 떠나게 되어 반가워요.

저에게 있어서 역사는 무척 재밌는 놀이터랍니다. 친구이기도 하고요.

그런데요. 대부분의 학생들은 역사와 재밌게 놀지 못하고 있어요.

왜 그럴까요? 그것은 과거 사람들의 다양한 삶을 기록하고 있는 역사를 무조건 외우려만 들기 때문이랍니다. 하지만 역사 공부는 외워서 되는 게 아니랍니다.

왜 그러냐구요? 역사는 과거를 통하여 우리들의 미래 삶을 엿볼 수 있는 거울입니다. 따라서 과거 사람들의 삶 자체를 아는 게 역사 공부의 전부가 아닙니다. 지나간 과거 사람들의 삶을 현재 우리의 입장에서 되돌아보며 우리가 처한 현실과 앞으로 지향해 가야 할 미래상을 그려 보는 것이 제대로 된 역사 공부라고 할 수 있습니다.

제가 이 책의 부제를 '외우지 않아도 저절로 이해되는 신통방통 국사 캠프'로 지은 이유도 여기에 있습니다. 저는 과거 사람들의 삶과 생각을 여러분들에게 쉽게 이야기해 주면서, 현재적 관점에서 역사를 보는 힘을 길러 주고 싶었습니다. 그래서 다른 역사책에 비해 이해하기 쉬우면서도 생각거리를 던져 주는 이 책을 쓰고 엮었습니다.

콩 샘이 희망하는 것은 책의 독자가 시간 여행자가 되어 과거 속에서 신나게 뛰어노는 것입니다. 그러면서 자연스럽게 우리 선인네들의 삶과 철학을 이해하며 자신의 미래 삶을 풍족하게 만들어 갔으면 좋겠습니다.

이 책은 결코 딱딱한 역사책이 아닙니다. 그러니 동화책이다 생각하며 처음부터 술술 읽어가세요. 단, 시대 흐름만은 머리에 그리면서 책을 읽으세요. 그러면 자연스럽게 역사와 친구 할 수 있을 겁니다.

행복하세요!

우산서실(愚山書室)에서
장콩 선생

차례

이 책을 읽기 전에　　　　　　　　　　　　　　　　004

6 고려 주식회사의 경영 실태

후삼국의 영웅들　　　　　　　　　　　　　　　　010
왕건과 고려 주식회사　　　　　　　　　　　　　　026
역사 그루터기　완사천이 맺어 준 인연　　　　　　037
세치 혀로 거란족을 물리친 서희　　　　　　　　　040
스스로 왕이 되려 한 이자겸　　　　　　　　　　　056
일천 년래 제일대 사건　　　　　　　　　　　　　066
역사 그루터기　단재 선생의 지독한 항일 의식　　　073
무인 시대, 그들만의 세상　　　　　　　　　　　　076
왕후장상의 씨가 어찌 따로 있단 말인가　　　　　　083
이름이 충으로 시작된 임금들의 비애　　　　　　　088

7 고려인의 삶과 예술

백정은 왜 천민이 되었나　　　　　　　　　　　　094
위풍당당 고려 여인　　　　　　　　　　　　　　　098
역사 그루터기　가부장제의 상징 호주제, 역사의 뒤안길로 사라지다　102
고려청자, 하늘빛을 새기다　　　　　　　　　　　105

8 성리학과 함께 춤을

말 머리를 개경으로 돌려라	120
역사 그루터기 최씨가 앉은 자리는 풀도 나지 않는다	128
정도전, 조선을 설계하다	130
조선이냐 화령이냐	139
세종이 만든 기적, 한글	147
역사 그루터기 한글학자 주시경 선생의 우리말 사랑	157
훈구와 사림의 용쟁호투	160
역사 그루터기 4대 사화 슬쩍 엿보기	169
조선시대에도 이혼이 있었다	172
선비 장콩의 과거 시험 합격기	184
명의 멸망을 초래한 임진왜란	208
세계 해전사를 다시 쓴 이순신	218

9 시련 속에서도 삶은 계속되고

두 얼굴의 사나이 광해군	234
전쟁이냐 화친이냐	244
역사 그루터기 인조와 삼전도비	254
환향녀가 화냥년이 된 사연	257
간도는 누구의 땅인가	263
역사 그루터기 중국의 '동북공정'이 노리는 꼼수	277
실학자들이 꿈꾼 세상	280
다산 정약용 선생을 그리며	289
대동여지도에서 발견한 우리 땅의 미덕	296
세도정치기 백성들의 고단했던 삶	310

6 고려 주식회사의 경영 실태

후삼국의 영웅들

격동의 시대를 호령하다

한때 〈태조 왕건〉이란 역사 드라마가 대히트를 치면서 관심법을 모르면 대화가 되지 않을 정도로 후삼국시대 역사가 우리 사회를 들썩이게 했다.

그런데 장콩 선생은 이 드라마 때문에 스타일을 많이 구겼다. 드라마를 한 다음 날이면 사람들에게서 "아자개가 누구여?" "자네! 관심법[1] 아는가?" "궁예가 어떻게 죽었지?" 따위의 곤

---

[1] **관심법** '자신의 마음[心]을 들여다보아[觀] 내면을 통찰하여 깨달음의 길로 나아가는 것'을 말하나, 궁예는 다른 사람의 마음을 들여다보는 도구로 잘못 사용했다.

혹스런 질문들이 이어지고, 답변이 드라마와 다르면 "그게 정말이여, '왕건'에서는 안 그러던데." 하면서 역사 교사의 자질을 의심하는 통에 죽을 맛이었다. 또한 수업 시간을 거의 졸음으로 일관하던 학생이 전날 방영했던 드라마의 내용을 친구들에게 현실감 있게 재연하면서 "선생님! 정말 맞아요?" 하며 확인까지 할 때는 우리나라 학생들의 역사교육은 TV가 다 하는 것 같아 역사 교사로서의 정체성을 의심하기까지 했다.

어찌 되었건, 〈태조 왕건〉을 통해서 많은 사람들은 후삼국시대라는 격동의 시기를 이끌어 갔던 세 명의 걸출했던 인물들을 생동감 있게 감상할 수 있었다.

이쯤에서 질문 하나를 던져 보자.

후삼국시대는 정말 드라마 속의 내용처럼 그렇게 격동적이었을까?

정답은 '그렇다.'이다.

실제로 후삼국시대는 우리 역사에서 가장 드라마틱한 시

후삼국시대

대였다. 견훤, 궁예, 왕건이 최후의 승자가 되기 위하여 서로 다투었던 이 시대는 우리 역사에서 첫 손가락에 꼽아도 될 정도의 격동기였다. 동시에 신분의 껍데기를 과감히 벗어던지고 개인의 능력이 빛을 발했던 열정의 시대이기도 했다.

9세기로 접어들면서 신라는 중앙에서 진골 귀족들 간의 왕위 쟁탈전이 치열해지면서 지방에 대한 통제력이 약화되었다. 이 틈을 타서 지방에서는 반신라 구호를 내세우면서 스스로를 성주나 장군으로 칭하는 자들이 생겨났다. 이들을 호족이라고 하는데, 대표적인 인물이 견훤과 궁예였다.

두 사람은 신라 말기의 혼란을 기회로 삼아 10세기에 접어들면서 독자적인 정권을 수립하였다. 후백제와 후고구려가 이들이 세운 신흥 정부였다. 그럼 신라는 어찌 되었을까? 신라는 그 지배권이 경상도 일대로 축소되었고 왕권은 바람 빠진 풍선처럼 쪼그라들 대로 쪼그라들었다.

견훤과 후백제

후백제를 세운 견훤은 867년에 경상북도 상주에서 태어났다.

그러나 한국전통문화학교 이도학 교수는 후백제의 설립자를 '진훤'이라고 주장하고 있다. 그 이유를 이 교수는 자신의 저서 『궁예, 진훤, 왕건과 열정의 시대』에서 다음과 같이 말하고 있다.

진훤의 이름은 지금까지 견훤으로 알려져 왔다. 그런데 옥편을 찾아보면 '질그릇·甄'에는 '견' 혹은 '진'으로 발음이 나와 있다. 그러므로 견훤이나 진훤으로 읽을 수 있다는 이야기가 되지만 진훤으로 읽는 게 타당하다. 조선 후기의 대표적 역사학자인 순암 안정복(1712~1791)이 저술한 『동사강목』은 '진훤'으로 읽어야 한다고 밝혀 놓았다. 많은 전적(典籍)을 토대로 저술한 일종의 백과사전인 『문헌비고』에도 진훤의 이름 앞 글자의 음이 '진(眞)'임을 밝히고 있다. 또 고창 병산전투와 관련된 현지 전설에서 진훤이 지렁이로 변해서 숨었던 모래를 '진모래'라고 일컫고 있다. '견모래'가 아닌 '진모래'인 점에서도 당시 그를 진훤으로 불렀음을 짐작하게 된다.

그러나 그보다 분명한 것은 『완산견씨세보』이다. 여기에는 다음과 같이 서술되어 있다.

"우리 성(姓) 글자인 '甄'의 음은 본래 '진'에서 시작됐다. 그러나 후백제의 진훤왕이 나라를 잃은 이후, 고려 왕조에서 우리

진씨가 재기 부흥할 것을 두려워하고 염려하여 힘으로 항상 모멸의 해를 가하고자 했다. 그런 까닭에 우리 선조들은 다시는 세력을 규합하지 못하고 끝내는 나라를 일으켜 재건하지 못하였다. 이로부터 우리 가문은 점점 이름을 내는 것 없이 세상을 피하여 숨어서 삶을 도모했기에, '진' 음이 변하여 '견' 음으로 읽었다. 그로부터 지금에 이르기까지 우리 후손들은 '견' 음을 사용하였다. 그 '甄' 음은 시종 한 글자였으나 변혁되었으니 모두 견씨 가문의 성쇠의 운(運)에 기인한 것이었다. 무릇 우리 후손들은 이에 의심 없이 깨달아야 한다."

그러므로 견훤이 아니라 진훤으로 읽는 게 백 번 타당함을 알 수 있다. 그런데 최근 이름 앞의 성으로 읽을 때는 '진'으로 불러야 하기에 진훤으로 발음하는 게 옳다는 견해도 나왔다. 그렇지만 앞서 언급하였듯이 현재 소수 성씨로서 '견'씨가 있지만 진씨가 아니라 견씨로 읽기 때문에 수긍하기 어렵다.

그러면 진훤이라는 이름은 어디에서 유래한 것인가. 전설의 현장으로 달려가 보자. 진훤은 지금의 경상북도 문경시 가은읍 아차 마을(갈전2리)에서 출생하였다. 가은읍 소재지에서 서남쪽 국도로 나가다 좌측으로 꺾어져 다리를 건너면 금세 아차 마을의 원경이 잡힌다. 마을 앞의 아름드리 고목을 지나간다. 그러고는 오른편의 작은 시멘트 다리 금하교를 건너 좁은 길을 따라 올라가면 고풍스러운 기와집이 나타난다. 담장으로 둘러싸인 이 고각의 뒤켠에는 금하굴이라는 작은 동굴이 있다. 진훤의 출생 설화가 녹아 있는 현장이다.

전설에 의하면 이곳에 사는 부잣집 딸에게 밤마다 자주색 옷을 입은 사내가 다녀가곤 했다고 한다. 그 딸은 아버지가 시키는 대로 찾아온 남자의 옷자락에 바늘을 꽂았다. 이튿날 바늘에 꿰인 실을 따라갔더니 담장 밑에 있는 커다란 지렁이의 허리춤에 바늘이 찔려 있더라는 거였다. 이 설화는 진훤이 곧 지렁이의 아들이라는 메시지를 전달하고 있다. 그러나 기실은 그 이름에서 연유한 것으로 보인다. 진훤이라는 이름을 경상도에서는 '진훠이'로 읽게 된다. 이는 지렁이의 경상도 방언인 '지러

이'와 서로 통하는 것이다. 요컨대 지렁이를 연상시키는 진훤이라는 이름 때문에 관련 출생 설화가 생겨난 게 아닐까?

상당히 타당한 주장이라고 생각된다.

다만 여기서는 일반적으로 쓰는 이름인 견훤으로 통일하여 이야기를 진행하자.

어려서부터 비범하고 용맹했던 견훤은 청운의 뜻을 품고 신라의 군대에 들어가 전라도 남부 지방에서 도적을 소탕하였다. 이곳에서 세력을 키운 그는 892년에 백제 의자왕의 원수를 갚는다는 구실로 무진주(현재 광주광역시)에서 군사를 일으켰다. 그의 나이 25세 때였다.

8년 뒤인 900년에 이르러서는 완산주(현재 전라북도 전주시)를 점령하여 스스로 왕위에 올라 국호를 백제라 했다. 후백제의 탄생이었다.

그런데 견훤은 왜 고향 땅을 버리고 머나먼 전라도에서 나라를 세웠을까? 견훤이 상주를 기반으로 삼지 않은 것은 그의 아버지인 아자개와 관련이 있다. 아자개는 상주 지역의 호족으로 자신의 세력을 유지하기 위해 친신라 노선을 펴고 있었다. 그런데 아들인 견훤이 신라를 배신하고 후백제를 건국했다. 아자개는 아들이 무척 괘씸했다.

웅대한 꿈을 가지고 나라를 세운 견훤 또한 아버지가 못마땅했다. 둘은 날이 갈수록 사이가 벌어져 사사건건 대립했다. 오죽했으면 아자개가 자신의 노후를 아들의 경쟁자인 왕건에게 의지했겠는가? 이러한 사실로 보았을 때 상주 지역은 아자개의 근거지였지, 견훤의 기반은 될 수 없었다.

견훤 산성(경북 상주시)

궁예와 후고구려

그렇다면 궁예는 어떻게 나라를 세웠을까? 궁예는 출생부터 불운한 사람이었다. 그의 아버지는 신라 제47대 임금인 헌안왕이었다(48대 경문왕으로 추정하기도 한다). 하지만 그는 태어나자마자 왕실 내부의 알력다툼으로 죽을 위기에 처했다. 유모가 기지를 발휘해 목숨만은 구할 수 있었으나, 그 후 궁예는 유모를 어머니로 모시고 철원 땅에서 가난에 찌든 삶을 살아야 했다.

어린 나이에 승려가 되었으나 불법에 전념하지 못했고, 891년에 죽주(경기도 용인과 안성)의 산적 기훤의 부하가 되었다. 그러나 그가 홀대하자, 892년에 양길 밑으로 들어가 부하 장수로 활동하며 신임을 얻더니, 898년에 양길을 몰아내고 송악(현재 북한의 개성)을 근거로 자립하였다. 그러고는 901년에 후고구려를 세워 스스로 왕이 되었다.

새롭게 떠오르는 별, 왕건

왕건은 어떠한가?

왕건은 876년 개성의 호족 왕융의 아들로 태어났다. 그런데 왕건의 집안 내력을 자세히 살펴보면 이상한 점이 발견된다. 그게 무엇이냐고?

왕건의 할아버지는 작제건(作帝健)이다. 이름을 풀이해 보면 '황제를 만들어 세우다.'이다. 아버지인 왕융도 본래 이름은 '용건(龍建)'으로 '용'은 일반적으로 왕을 의미한다. 따라서 '왕을 세운다.'라는 의미를 지니고 있다. 왕건(王建) 역시 이름을 풀이해 보면 '왕이 되다.'이다.

왠지 냄새가 심하게 난다. 무슨 냄새냐고? 자연스럽게 지어진 이름이 아니라는 것, 즉 어떤 의도가 이름 속에 숨어 있다는 것이다.

거참 이상하다. 왜 구태여 그래야 했을까?

고려 이전까지는 성(姓)에 대한 인식이 그다지 크지 않았다. 물론 지배층은 성을 사용했다. 하지만 일반인들까지 성을 갖게 된 것은 고려시대부터였다. 왕건의 집안도 왕건 이전에는 성이 없는 '삼류' 집안이었을 것이다. 그러다가 왕건이 나라를 개창하면서 "나는 조상 때부터 왕이 될 운명을 타고났다."라는 홍보를 하기 위하여 왕씨 성을 사용한 이름들을 지었을 것으로 추정된다.

왕건의 집안은 송악을 기반으로 예성강을 통해 상업 활동에 종사했다. 왕융 대에 상당한 세력을 지닌 호족으로 성장했는데, 그는 급속히 팽창해 오는 궁예를 상대할 정도는 아니었기에 궁예가 송악으로 손을 뻗쳐 오자 자신의 거점인 송악을 궁예에게 내주고 그의 휘하로 들어간다.

궁예는 왕융 부자가 머리를 수그리고 부하가 되기를 자청해 오자 왕융을 금성 태수로, 왕건을 송악의 성주로 삼았다. 이후 왕건은 여러 곳에서 전공을 세워 궁예의 신임을 얻게 되었다. 양주, 광주, 충주, 청주, 남양, 괴산 등지의 싸움에서 승리를 거두었으며, 특히 909년에는 후백제의 후방 지역인 전라도 나주 지역을 자신의 수군(해군)을 이용하여 전격 점령함으로써 이름을 널리 떨쳤다. 그러면서 왕건은 후고구려의 2인자로 우뚝 설 수 있었다.

날개를 편 왕건의 COREA

이렇게 왕건이 바다와 육지 전투에서 공로를 세우며 자기 기반을 다져 나갈 때에 궁예는 자만에 빠져 점차 민심을 잃고 있었다. 나라를 세울 때의 명분인 고구려 부흥 의지는 내팽개쳐 버리고 영웅주의에 빠져 자신의 욕망을 채우는 데 급급했다. 또한 사이비 종교의 교주처럼 행세하며 의심 가는 부하는 가차 없이 죽여 버렸다.

    궁예의 폭정은 심복 부하들마저 등을 돌리게 했다. 궁예와 함께 생사고락을 같이했던 홍유, 배현경, 신숭겸, 복지겸 등이 918년 궁예를 몰아내고 왕건을 왕위에 올렸다. 왕건 집안이 궁예에게 충성을 맹세한 지 23년 만의 일이었다. 드디어 왕건의 나라, 고려가 탄생하게 되었다.

그러나 이때까지도 후삼국 중 가장 강한 나라는 후백제였다. 왕건은 부족한 힘을 보완하기 위해 신라와 동맹을 맺어 후백제와 간신히 균형을 맞추고 있었다.

그러던 왕건에게 드디어 기회가 찾아왔다. 후백제에서 부자간에 권력 쟁탈전이 벌어졌다. 자고로 멸망의 발단은 외적 조건보다 내부 갈등에 있다. 후백제 또한 그러했다.

935년 견훤이 넷째 아들 금강에게 왕위를 물려주려 했다. 이에 큰아들 신검이 반발하여 견훤을 김제에 있는 금산사에 잡아 가둬 버렸다. 아들에게 배신을 당한 견훤은 절치부심하고 있다가, 끝내 감시망을 뚫고 탈출하여 왕건에게 몸을 의탁했다.

한편 바로 이해(935)에 신라의 마지막 임금인 경순왕이 왕건에게 나라를 바쳤다. 피 한 방울 흘리지 않고 천년 전통의 신라가 왕건의 손에 들어온 것이다. 이제 후백제만 남았다.

　왕건은 후백제와의 마지막 전투에 10만 대군을 투입하면서, 견훤을 선두에 세웠다. 자기들의 왕이었던 견훤이 적군의 선봉에 선 것을 본 백제군은 사기가 크게 떨어져 변변한 저항 한번 못했다. 936년, 후삼국의 통일이 이루어졌다. '왕건, 만세! 만만세!'였다.

　아들 때문에 자신의 라이벌이었던 왕건에게 승리의 월계관을 바쳐야 했던 견훤은 그 후 어떻게 되었을까? 내부 분열만 아니었다면, 자식 교육만 잘 시켰다면 최후의 승자가 되었을지도 모를 견훤은 후백제를 자신의 손으로 멸망시킨 이후 화병으로 시름시름 앓다가 논산의 황산불사에서 숨을 거두었다.

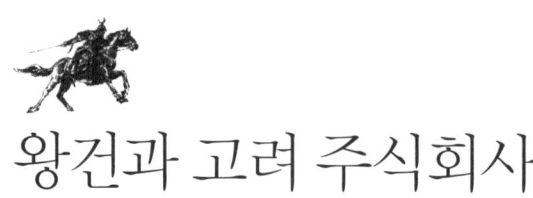

왕건과 고려 주식회사

신라를 합병하고 후백제까지 없애고 보니 왕건은 마음이 뿌듯했다. 이제 더 이상 전쟁터에서 새우잠을 잘 필요도 없었고, 다른 나라를 점령하기 위해 잔머리를 굴릴 필요도 없었다. 드디어 왕건의 Corea[2]가 두 날개를 활짝 펴고 하늘 높이 날아오르게 되었다.

그런데 이게 어찌 된 영문이란 말이냐?

장콩 선생이 보건대, 후삼국을 통일시켜 놓은 왕건의 얼굴

[2] **Corea** Corea(꼬레)는 고려시대 이후 대외 무역이 활발해지면서 우리나라 국호로 자리 잡았으며, 19세기 말 이후 Korea(코리아)로 이어졌다.

이 '똥 씹은 표정'이다.

왜 그럴까?

사실 왕건에게는 후삼국 통일보다 더 시급히 해결해야 할 중대한 문제가 하나 있었다.

그게 무엇이냐고?

그것은 바로 후삼국 통일의 일등 공신인 호족 세력을 통합하는 것이었다.

왕건이 고려를 세웠다고 누구나 인정하지만, 속내를 들여다보면 사정이 복잡하다. 고려는 전국 각지에서 독자적으로 성장한 호족들이 왕건을 대표로 내세워 만든 호족 연합 국가였다. 즉, 고려라는 나라는 호족들이 각기 자본금을 출자하여 만든 주식회사였고, 왕건은 호족이란 주주들의 승인하에 고려 주식회사의 대표이사 자리에 오른 행운아에 불과했다.

따라서 호족들이 대주주로서 각자의 권한을 행사하고 있었고, 왕건이 왕이랍시고 함부로 설치다가는 자칫 벼락 맞을 가능성이 있었다. 언제든지 쫓겨날 수도 있는 현실에서 그가 왕 노릇을 제대로 하기 위해서는 호족들의 지속적인 지지가 필수적이었다.

물론 왕건은 고려 주식회사의 대표 역할을 아주 무난하게 잘 수행했다.

왕건이 누구던가? 의심이 많아 심복도 눈 밖에 약간만 벗어나면 가차 없이 잡아 죽였던 궁예 밑에서 2인자로 지내다가 결국은 1인자의 자리까지 오른 처세술의 대가가 아니던가?

왕건은 앉으나 서나 호족 세력 통합만을 생각한 끝에 해법을 찾아냈다. 그야말로 호족 세력을 꽉 붙들어 맬 절묘한 방법이었다.

그것이 뭐냐고?

'정략결혼정책'과 '사성 정책'이었다.

정략결혼은 한마디로 말해서 지방의 유력한 호족 딸들과

얼굴도 안 보고 무조건 결혼을 하는 정책이었다.

"아니 콩 선생! 그게 무슨 귀신 씻나락 까먹는 소리여? 혼인이란 서로 사랑하는 사람들이 백년가약을 맺는 성스러운 것인디. 얼굴도 안 보고 무조건 결혼한다고?" 이렇게 말하는 사람도 있을 것이다. 그러나 당시의 왕건에게는 호족들과 끈끈한 유대 관계를 맺는 것이 급선무였다. 따라서 그는 대호족의 딸이라면, 호박 같은 얼굴이라도 무조건 결혼해서 '패밀리'를 형성하려 했다(실제로 얼굴도 보지 않고 결혼한 경우가 있었다).

정략결혼을 펼친 결과는?

부인을 29명이나 두게 되었다. 이것을 역으로 설명해 보면, 자신을 지지해 줄 29명의 호족들을 확보했다는 이야기다. 여기에 왕건은 정략결혼만으로는 마음이 안 놓여 어머니가 다른 자신의 아들딸들을 서로 결혼시켜 왕권 안정을 위한 이중 삼중의 방어막을 쳐 놓았다.

일부일처제가 일반화된 요즘의 결혼 풍속으로 보면, 왕건은 파렴치한이다. 하지만 당시에는 지극히 자연스러운 일이었다. 왕이 정치를 독점하던 왕정 시대에 정략결혼 정책은 동서양을 막론하고 각국에서 행해지던 고급 외교술이었다. 그렇기 때문에 현재의 관점으로 판단하여 왕건을 비난해서는 안 된다. 또한 이 결혼은 호족에게도 자신의 지위를 강화할 수 있는 좋은 기회였다.

정략결혼 정책과 함께 왕건이 시도한 또 하나의 왕권 안정책은 '사성(賜姓) 정책'이었다. 이건 또 무슨 정책이냐고? 사성의 사(賜)는 '주다'라는 뜻으로 왕건 본인의 성(姓)인 '왕'씨를 유력 호족들에게 나눠 주어 왕족으로 우대하는 정책이다.

예를 하나 들어 보자. 명주(현재 강원도 강릉) 출신 호족인 김순식은 성이 '경주 김씨'였다. 그런데 왕건은 순식에게 왕씨 성을 하사하여 김순식을 단번에 왕순식으로 변신시켜 버렸다.

이것 역시 지금의 관점에서 보면 도저히 있을 수 없는 일이다.

생각해 보라. '장(張)'이라는 성을 가진 콩 선생이 대통령에게 적극 협조한 대가로 대통령의 성씨를 하사받았다고 하자. 아마 장씨 집안에서는 난리가 날 것이다.

하지만 이러한 일이 고려가 세워지던 당시에 버젓이 일어났으며, 왕이나 유력 호족 모두 쌍수를 들어 환영한 윈윈(win-win) 정책이었다. 왕은 패밀리가 된 호족의 협조를 쉽게 얻어 낼 수 있어 좋았고, 호족은 왕족이 되었으니 이 얼마나 영광스러운 일인가?

자! 정리해 보자.

태조 왕건이 나라를 안정적으로 운영하고 대호족들을 회유하기 위해 시행했던 정책은?

정략결혼, 사성정책.

딩동댕! 잘했다.

이러한 정책들을 통해 왕건은 호족의 요구를 적절히 수용하면서 정권을 어느 정도 안정시킬 수 있었다. 물론 이 두 가지 정책만 있었던 것은 아니었다. '사심관 제도'나 '기인제도'를 도입함으로써 호족 세력을 적절히 견제하며 자신의 권력을 다지기도 했다.

사심관 제도는 중앙의 고위 관리에게 자기 출신 지역의 부호장[3] 이하 관리 임명권을 준 대신에 지역에서 일어나는 모든 일을 책임지게 한 제도이다. 이를 통해서 왕은 지방에서 혼란이 발생하는 것을 최대한 억제할 수 있었다. 왜냐고? 본인이 사심관으로 있는 지역에서 반란이 발생하면 자기 목부터 달아났으

3) 부호장 고려시대에는 각 고을에 지방관을 보좌하는 향리제도가 마련되어 호족 출신들이 호장·부호장을 맡았다. 향직의 우두머리인 호장은 요즘으로 치면 군청의 군수급 관리, 부호장은 부군수급 관리에 해당한다.

니, 사심관이 된 고위 관리는 몸은 중앙에 있어도 눈은 항시 자기 출신 지역에 두고 나쁜 일이 생기지 않도록 관리해야 했다. 따라서 이 제도는 지방 안정화에 기여할 수 있었다.

기인제도 역시 지방 세력을 견제하는 데 큰 도움을 주었다. 지방에 사는 유력한 호족들의 아들을 공부시킨다는 명분으로 수도에 머무르게 한 이 제도는 말이 공부지 실상은 지방 호족의 자제를 중앙에 인질로 붙잡아 놓는 것이었다.

다시 본론으로 돌아가자. 그런데 정략결혼 정책이 왕권 강화에 도움만 주었을까?

절대 그렇지 않았다.

태조 왕건이 죽고 난 이후가 문제였다.

태조는 부인을 29명이나 책임지면서 왕권을 안정시키려고 온갖 수단을 다 동원했지만, 막상 그가 죽자 호족들은 각기 자신의 딸이 낳은 외손자를 왕위에 올리기 위해 서로 경쟁했다. 그러다 보니 왕실은 호족들의 권력 다툼 속에 바람 잘 날이 없었다. 왕권 안정의 주요 수단이었던 정략결혼 정책이 왕건 사후에는 오히려 왕권을 불안정하게 하는 주요 요인으로 작용했던 것이다.

태조를 이어 왕이 된 혜종은 전라도 나주 호족의 딸인 장화왕후 오씨가 낳은 자식이었는데 외가가 힘이 별로 없었다. 그렇다 보니, 혜종 대에 왕권은 위태롭기 그지없었다.

'왕규의 난'이 불안정했던 왕권을 잘 보여 주고 있다. 경기도 광주 출신 호족인 왕규는 혜종의 장인이었다. 그럼에도 불구하고 그는 자신의 외손자를 왕위에 올리기 위해 반란을 일으켰다.

왕규의 두 딸이 왕건의 15번째, 16번째 비였는데, 16번째 비가 아들을 하나 낳았으니 그가 광주원군이다. 왕규가 생각하기에 사위인 혜종보다 외손자가 왕이 되면 더 큰 권력을 행사할 수 있을 것 같았다(콩 선생 생각이 그렇다는 얘기다). 그래서인지 사위인 혜종을 쫓아내는 반란을 일으켰다. 이 난은 강력한 호족 집단이었던 충주 유씨가 혜종을 편들어 주어 실패로 끝났다. 그러나 이후로도 호족들이 벌이는 크고 작은 왕위 쟁탈전 속에 혜종의 얼굴에는 주름살만 가득했다.

그럼 언제부터 고려의 왕권은 안정되기 시작했을까?

왕권을 안정화한 것은 4대 광종이었다. 그는 처음에는 온건한 방법을 쓰다가 즉위 9년에 이르러서 본색을 드러내며 강력한 왕권 강화에 나섰다.

광종이 추진한 왕권 강화 정책의 핵심은 '노비안검법'과 '과거제도'이다.

노비안검법은 호족들이 불법적으로 소유한 노비들을 평민으로 해방시키는 정책이었다. 당시에는 노비들이 주요 경제 수단임과 동시에 유사시에 호족의 군사력이 되었으므로, 이들을 해방시키는 정책은 호족 세력의 힘을 약화시킬 수 있었다.

과거제도 실시 또한 마찬가지이다. '과거가 무슨 왕권 강화 정책?'이라고 생각할 수 있겠지만, 시험을 보아 실력 위주로 관리를 선발하면 호족이 무조건 중앙 관리가 되던 때에 비해 호족의 영향력을 축소할 수 있었다.

뿐만 아니라 광종은 자기 정책에 불만을 가진 호족이나 공

무진고성(광주광역시) 신라 말기부터 고려 초에 무주의 호족들이 쌓은 성으로 추정된다.

신들은 과감하게 숙청하며 왕권을 강화해 나갔다. 현실이 이러하니, 호족들은 불만이 많아도 입도 벙긋 못한 채 숨을 죽이며 살 수밖에 없었다. 물론 광종이 죽은 이후에 호족들의 기가 조금 살기는 했다. 하지만 광종 이전만큼의 힘은 가질 수 없었기에 6대 성종은 광종이 다져 놓은 기반 위에서 통치 제도를 정비하여 중앙 집권 체제를 확립할 수 있었다.

성종은 특히 유학자인 최승로가 올린 개혁안이었던 '시무 28조'를 채택하여 유교 정치사상을 통치의 근본이념으로 삼고 고려 왕조를 굳건히 했다.

역사 그루터기

완사천이 맺어 준 인연

전라남도 나주시에 '완사천'이란 샘이 있다. 나주시청으로 들어가는 큰 도로 옆에 바싹 붙어 있는 이 샘은 버들 처녀인 장화왕후 오씨와 태조 왕건이 처음 만난 곳으로 알려져 있다.

왕건의 나이 29세이던 906년이었다. 태봉(후고구려)의 궁예 밑에서 2인자로 있던 왕건은 견훤의 후백제를 견제하기 위하여 나주를 점령하기로 결정했다. 수군을 이끌고 서해안으로 내려가 목포에서 영산강을 타고 올라와 나주 둥구나루(현재 나주역 부근에 있던 포구)에 도착했다.

왕건이 배에서 내려 행군을 하다가 버드나무 아래에 있는 우물에서 물을 긷고 있는 처녀를 만났다. 때마침 갈증이 났던 왕건은 처녀에게 물을 달라고 청했다. 처녀는 바가지로 물을 뜨더니, 옆에 있던 버드나무에서 잎을 따서 물 위에 띄웠다.

역사 그루터기

왕건이 물었다.

"왜 잎을 띄웠소."

처녀가 대답했다.

"목이 몹시 마를 때 급히 물을 마시면 체하기 쉽습니다. 잎을 피해서 천천히 드십시오."

왕건은 깜짝 놀라 처녀를 쳐다보았다. 맑은 눈은 초롱초롱 빛났고, 얼굴에는

완사천(전남 나주시) 왕건과 장화왕후가 만났던 우물이다.

덕스러운 기운이 감돌았다. 이때 인연으로 왕건은 처녀를 둘째 부인으로 삼았다. 고려 2대 임금 혜종의 어머니인 장화왕후 오씨였다.

장화왕후는 완사천의 인연으로 시골 처녀에서 일약 고려의 국모가 되었다. 완사천이 있는 동네 이름이 흥룡동(興龍洞)이다. 혜종이 이곳에서 태어났기에 붙여진 이름이라고 한다. 지금은 없지만, 예전에는 완사천 위에 혜종과 장화왕후를 기리는 흥룡사란 절이 있었고, 절 안에 혜종을 모신 혜종사(惠宗祠)가 있었다고 전해진다.

세 치 혀로 거란족을 물리친 서희

거란의 침입

10세기 말인 993년, 거란족이 고려에 쳐들어왔다. 자기들 영토인 압록강 유역을 고려가 침범했다는 것이 이유였다. 하지만 그것은 트집에 불과했다. 실제로는 중국 송나라를 치러 가기 전에 고려를 먼저 항복시키기 위해 침입했을 뿐이었다.

고려 광종이 한창 왕권을 강화하던 시기인 960년에 중국에서는 송나라가 성립하였다. 송은 5대10국이 50여 년간 흥망하던 혼란기를 극복하고 통일 왕조를 세웠다. 이때 만주의 거란족은 발해를 멸하고 요나라를 세워 중국 본토를 호시탐탐 노리고 있었다. 자고로 옆에 붙어 있는 나라끼리는 서로 친하기보다 앙숙 관계가 되기 쉽다. 우리와 일본 관계를 생각하면, 쉽게 이해할 수 있을 것이다.

요나라는 언젠가는 송을 쳐서 중원을 지배하려 했다. 그런데 문제는 아래쪽에 있는 고려의 태도였다. 고려만 눈감아 주면, 아무 걱정 없이 손쉽게 송을 점령할 수 있을 터였다. 하지만 고려는 송하고만 친하게 지내면서 자기들을 왕따시켰다. 요나라 입장에서 송과 맘 놓고 한판 붙기 위해서는 고려가 최소한 중립이라도 지켜 줘야 했다.

여기서 잠깐! 한 가지 의문점을 해결하고 다음 주제로 넘어가자.

고려는 왜 거란의 친교 요청을 매정하게 거절했을까? 머리를 굴려 잠시 생각해 보자. 힌트를 준다면, 답은 '고려'라는 나라 이름 속에 이미 들어 있다.

고려는 고구려를 계승한다는 명분으로 건국된 나라였다. 그래서 국호마저 고구려에서 따왔다. 요나라가 세워진 만주는 고구려의 땅이었기에 고려 입장에서 요는 정복의 대상이었지, 화친을 맺을 사이가 아니었다. 거기다가 요는 고구려의 후예들이 세운 나라인 발해를 멸망시키고 건국한 나라였다.

이러한 이유 때문에 고려를 세운 태조 왕건은 유언으로 남긴 '훈요 10조'에서 거란과는 절대 통교하지 말라고 신신당부했다.

태조 왕건의 극단적인 반거란 정책을 잘 보여 주는 사례가 있다. 요나라 왕이 친교 관계를 맺기 위해 고려에 낙타 50마리와 함께 사절단을 보내왔다. 그러나 왕건은 사신들을 모두 섬에 유배시켜 버리고 낙타는 개경의 다리 아래에서 굶겨 죽여 버렸다.

요나라를 보는 고려의 눈이 이 정도였으니, 요로서는 어떤 방법을 동원하더라도 고려와 친교 관계를 맺기가 쉽지 않았을 것이다. 이런 상황에서 고려를 굴복시키는 길은 무력을 동원하는 것밖에 없었다.

서희의 담판

고려 성종 12년(993) 10월에 요의 장수 소손녕은 80만 대군을 이끌고 고려의 국경선을 넘어왔다.

건국 이후 고려에 최대 위기가 닥쳐왔다. 그러나 크게 걱정하진 마라. 고려에는 국제 정세에 능통하고 입심 하나로 능히 거란을 물리칠 수 있는 명외교관 서희가 버티고 있으니 말이다.

서희가 누구인가? 그는 과거를 거쳐 관직에 오른 후, 22세의 젊은 나이로 송나라에 사신으로 파견되어 그곳에서 국방장관에 해당하는 '검교병부상서'라는 벼슬을 받았을 정도로 외교술에 능했고, 당시의 국제 관계를 폭넓게 이해하고 있던 인물이었다. 이런 관리가 고려 정부에 있었으니 고려에는 축복이요,

거란에는 불행이었다.

거란이 물밀듯이 밀고 내려오자 당황한 고려 관리들은 서경(평양) 이북의 땅을 거란에 주고 항복하자는 파와 끝까지 싸우자는 파로 나뉘어 서로 갈등을 벌였다. 이때 서희는 거란 장수를 만나 일단 속셈을 파악한 후에 싸울 것인지 항복할 것인지를 결정해도 늦지 않다고 하면서 적이 쳐들어온 의중이나 알아보자고 했다.

거란의 속셈을 알아볼 기회는 의외로 빨리 찾아왔다. 거란군은 고려를 침입한 지 한 달이 지났지만, 국경선 근처의 요충지인 안융진조차 제대로 공략하지 못했다. 거란의 기마부대는 속도전에 강해서 광활한 대지에서의 싸움에는 익숙했다. 하지만, 산악 지형인 고려 땅에서는 제 힘을 발휘할 수 없었다.

고려의 강력한 저항에 초조해진 거란 장수 소손녕이 먼저 손을 내밀었다. 때를 기다리던 서희는 쾌재를 부르며 단독으로 적장을 만나러 갔다.

소손녕이 서희에게 말했다.

"그대 나라는 신라 땅에서 일어났고 고구려 땅은 우리의 소유인데, 그대들이 호시탐탐 노리고 있다. 또 우리와 국경을 맞대고 있으면서도 바다 건너 송을 섬기고 있으니, 오늘 우리가 쳐들어온 것이다. 만일 땅을 떼어 바치고 우리를 섬기면 가히 무사할 것이다."

서희가 대답했다.

"아니다. 우리나라는 고구려를 계승한 나라이다. 그래서 나라 이름도 고려라 하고 평양(서경)에 도읍을 정하였다. 만약 땅의 경계로 말한다면, 그대 나라의 동경도 우리 땅이거늘 어찌 우리가 그대들의 땅을 차지했다고 하는가? 당치도 않은 말이다.

또한 압록강 주변은 우리 영토인데, 지금 여진족이 살면서 방해를 하기에 그대 나라를 방문하고 싶어도 할 수가 없다. 이게 모두 여진 때문이다. 만일 여진을 쫓아내고 우리의 옛 영토를 돌려주어 성을 쌓고 도로를 통하게 하면 어찌 감히 사신을 파견하지 않겠는가?"

소손녕은 청산유수처럼 줄줄 쏟아져 나오는 서희의 막힘없는 답변에 더 이상 할 말이 없었다.

서희는 과연 명외교관이었다. 적진에 가서도 주눅 들지 않고 당당하게 자기주장을 하고 있으니 말이다. 거기다가 서희는 적장에게 천연덕스럽게 거짓말까지 하고 있다.

거짓말 이야기가 나왔으니, 서희의 화려한 입담에 대해 좀 더 알아보자.

실리 외교의 열매, 강동 6주

서희가 한 거짓말을 찾아보자. 못 찾겠다고?

고려의 수도가 어디지?

개경(개성). 그런데 서희는 서경이 수도라고 은근슬쩍 눙치고 있다. 고구려의 수도가 서경이었으므로, 고려가 고구려를 계승한 나라라는 것을 확실히 나타내기 위해 수도를 서경이라고 속인 것이다.

그야말로 서희의 세 치 혀끝에 소손녕이 놀아나고 있다. 결국 소손녕은 서희의 말발에 눌려 대꾸 한번 제대로 하지 못하고 낙타 10마리, 말 100필, 양 1,000마리, 비단 100필을 선물로 주고 강화를 체결한 후에 말 머리를 돌려 본국으로 돌아갔다.

강화의 내용은 고려가 송과 관계를 단절하고 요와 외교 관계를 맺는 대신에 거란은 압록강 동쪽 280리를 고려에 제공해 주어 자기 나라로 입국하는 사절단의 교통로를 확보해 주는 것이었다. 이 약속에 따라 고려는 거란으로부터 압록강 하류의 동쪽 땅을 얻어 이곳에 6개의 주를 설치하였다. 이것이 바로 '강동 6주'이다.

따라서 거란의 제1차 침입은 서희의 외교술 덕분에 고려가 힘들이지 않고 청천강까지였던 국경선을 압록강 유역까지 확대하는 성과를 거두는 것으로 끝났다.

서희는 송과 요나라 사이의 힘의 역학 관계를 정확히 파악하고 있었기 때문에 위기 상황에서도 동요하지 않고 적절히 대처하여 고려에 큰 이익을 가져다주었던 것이다.

강동 6주

상대방의 의도를 꿰뚫어 보는 서희의 협상력은 현재 우리 민족에게 시사하는 바가 크다. 강대국으로 둘러싸여 민족 최대의 현안인 남북문제마저 우리 뜻대로 해결하지 못하는 현실에서 서희의 실리 외교는 많은 생각거리를 가져다준다. 엄중한 국제 관계에서 우리의 국익을 최대로 지키기 위해서는 서희와 같은 명외교관의 출현이 절실하다.

또 다른 영웅, 강감찬

그런데 고려는 요나라에 약속한 대로 송과 외교 관계를 중단했을까?

나라와 나라 간에 맺은 약속이니까 지켰을 것이라고?

천만의 말씀, 만만의 콩떡이다.

고려는 그 후에도 송과 교류를 계속하면서 요나라에는 사절단을 보내지 않았다.

요나라가 가만있었을까? 방방 뛰었을 것 같다고?

그렇다. 요나라는 고려에 약속을 지키라고 압박하면서, 강동 6주 지역의 반환을 요구해 왔다. 하지만 강동 6주는 이미 고려 땅이었다. 고려는 거란의 항의를 못 들은 척하면서 무시해 버렸다.

다시 거란이 쳐들어왔다. 제2차 침입의 명분은 '강조의 변'이었으나, 실제로는 송과 관계를 단절시키고 자기들과 친하게 하려는 의도였다.

강조의 변이란 고려의 고위직 관리였던 강조가 쿠데타를 일으켜서 목종을 폐하고 현종을 왕위에 올린 사건이다. 이 사건이 고려 내에서 벌어지자, 거란 왕은 '어찌 신하가 임금을 교체할 수 있느냐.'며 직접 40만 대군을 이끌고 쳐들어왔다.

거란군의 기습작전에 나가떨어진 고려는 수도인 개경까지 함락당하고 현종 임금은 전라도 나주까지 피난을 가야 했다.

현종이 사신을 거란군 진영에 보내 싹싹 빌었다. 이번 한 번만 용서해 주면, 본인이 직접 거란 왕을 찾아뵈러 가겠다고 통사정을 했다.

거란 왕은 현종의 말을 믿고 군사를 거두어 본국으로 돌아갔다. 하지만 현종은 거란 땅을 방문하지 않았다. 거란이 또 속아 넘어간 것이다. 거란은 미련한 곰탱이들이 분명하다.

1018년, 거란 장수 소배압이 10만 군사를 이끌고 다시 압록강을 건너왔다. 거란의 제3차 침입이었다.

이번에는 고려도 전쟁 준비가 어느 정도 되어 있어서 강감찬 장군을 중심으로 똘똘 뭉쳐 죽기 살기로 싸웠다. 거란군은 수가 적은 고려군의 강력한 저항에 밀려 당황하다가 귀주에서 대패하고 말았다. '귀주대첩'이라고 이름 붙여진 이 전투에서 거란의 10만 군사는 대다수가 죽고, 살아 돌아간 자가 수천 명에 불과했다고 한다.

거란은 심한 타격을 받았다. 후유증이 얼마나 심했던지, 그

후 고려에 어떤 요구도 할 수 없었다. 이후 동북아시아는 향후 100여 년간 평화 관계를 유지할 수 있었다. 고려와 송, 요나라의 힘이 서로 비등비등해서 함부로 다른 나라를 침범할 수 없었던 것이다.

결국 고려는 거란과 세 차례의 전쟁을 치르면서 한때 수도를 함락당하기도 했지만, 서희의 협상으로 강동 6주를 넘겨받아 영토를 확장할 수 있었으며, 절체절명의 위기 상황에서 강감찬의 기발한 전략 전술로 대승을 거두어 압록강 하구에서 도련포까지를 국경선으로 삼을 수 있었다. 이른바 천리장성의 축조였다.

역사 속의 대사건들을 유심히 살펴보면, 시대가 영웅을 만들기도 하지만 때에 따라서는 영웅이 시대를 이끌어 가기도 한다. 서희는 분명 스스로 시대를 주도한 대영웅이었다.

굳이 대군을 이끌고 나가 전쟁에서 승리하는 것만이 능사가 아니다. 최선의 방책은 싸우지 않고도 이기는 것이다.

우리 역사에서 싸우지 않고도 적군을 물리친 장수는 서희가 처음이자 마지막인 것 같다. 그런 의미에서 서희는 위대한 외교관이자 대장군이었다.

그럼 강감찬은? 이건 답변하기가 좀 애매하다. 시대 상황이 강감찬을 영웅으로 만든 측면도 있고, 강감찬이란 영웅 덕분에 고려 왕조가 평화의 길을 걸었을 수도 있다.

어떤 게 먼저일까? 콩 선생도 궁금하다. 그러고 보면, '시대가 먼저냐, 영웅이 먼저냐.'는 '닭이 먼저냐, 달걀이 먼저냐.'와 비슷한 질문인 것 같다.

과연 어느 것이 먼저일까?

잠깐! 여기서 마무리하기는 섭섭하니 퀴즈 하나를 내겠다. 맞추면 상을 주겠다.

뭔 상? 밥상!

서희는 문신이었을까, 무신이었을까?

강감찬 장군의 출생지인
낙성대(서울특별시 소재)
안에 세워진 동상

낙성대 사당에 모셔져 있는
강감찬 장군 초상화

강감찬은?

정답은 둘 다 '문신'이다. 고려 전기는 문신 위주로 정국이 운영되는 시대여서 아무리 전쟁 중이라 해도 군대의 총사령관은 문신이 맡았다. 고려 전기 사회는 문신이 '짱'인 시대였다. 무신은? 무지하게 차별을 받았다.

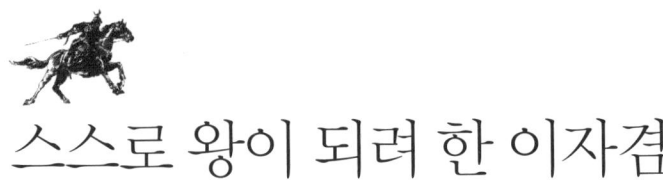

스스로 왕이 되려 한 이자겸

사람들에게 '밥도둑'으로 알려진 생선이 하나 있다.

무엇일까?

"나는 몰라." 하는 사람을 위하여 힌트를 하나 더 주겠다.

전라남도 영광군의 특산품이다.

이 정도 힌트면 "아하! 그거!" 할 거다.

굴비?

딩동댕!

오잉! 역사 이야기를 하면서 웬 굴비냐고 생각할 수도 있지만, 콩 선생이 굴비로 글의 첫머리를 풀어 가는 이유가 있으니 군침이 돌더라도 잠시 참고 좀 더 들어 봐라.

사람의 입맛도 나라별로 차이가 있어서 일본은 도미, 중국은 잉어, 미국은 연어, 프랑스는 넙치를 으뜸 생선으로 여긴다.

여기서 질문 들어간다. 자, 긴장하시고!
그럼 우리나라 사람들은 어떤 생선을 제일 좋아할까?
무엇이라고 생각하는가? 당연히 '국민 생선'인 고등어 아니냐고? 아주 틀린 답은 아니다. 그러나 제사상에 빠지지 않을 정도로 유독 우리나라에서 각별한 사랑을 받고 있는 '민족 생선'이 있다.

세계의 바다와 강에 살고 있는 물고기가 1만 3,000여 종이나 되지만, 지구촌 사람들의 식탁에 오르는 물고기는 350여 종에 불과하고 우리나라 사람들은 150여 종의 물고기를 먹는다고 한다. 그중에서 우리나라 사람들이 으뜸으로 치는 것은 '조기'이고, 특히 참조기를 왕소금으로 간하여 꼬들꼬들하게 말린 '굴비'에 젓가락이 가장 많이 간다고 한다.

굴비는 한자로 '屈非'라 쓴다. '굽을 굴(屈)' 자에 '아닐 비(非)' 자니, 해석하면 '굽히지 않는다.'라는 뜻을 가진 생선이다. 고기 이름치고는 상당히 독특하다.

질문 하나 더 들어간다. 굴비의 유래는 무엇일까?
여기서 이자겸이 등장한다.
이자겸이 어떤 사람이냐고? 그는 고려 인종이 집권하던 때인 12세기 전반기에 최고 권력자였으나, 왕이 되기 위해 반란을 일으켰다가 실패하여 영광 땅에 유배된 자였다. 그가 영광에 와서 밥상에 오른 생선을 먹어 보니, 둘이 먹다 하나가 죽어도 모를 정도로 맛이 좋았다. 이 생선을 개경에 있는 왕에게 보내면서 "비록 내가 비천한 곳에 귀양 와 있지만 나는 결코 비굴하게

살지 않겠다."라는 뜻에서 조기를 말린 생선에 '굴비'라는 이름을 붙였다고 한다.

목숨이 붙어 있는 것도 신통한데 자신의 불우한 처지를 당당하게 말하고 있으니, 간덩이가 부어도 어지간히 부었다.

그런데 반역을 했는데도 죽이지 않고 귀양만 보내다니 이상하긴 분명 이상하다.

고려는 사형 제도가 있었고 반역죄는 무조건 사형이었다.

그런데도 반역자 이자겸을 왜 죽이지 않았을까? 여기에는 필시 연유가 있었을 것이다. 형사 콜롬보가 되어 그 이유를 낱낱이 파헤쳐 보자. 콜롬보가 누구냐고? 1970~1980년대에 지금 〈CSI 과학수사대〉에 버금가는 인기를 누렸던 미국 드라마 속 명형사이다.

이자겸은 고려의 대표적인 문벌 귀족 집안이었던 경원 이씨 가문의 중추적 인물이었다. 문벌 귀족은 고려 전기의 지배 세력으로, 나말 여초의 혼란기에 대두된 호족 세력이 과거에 합격하거나 군공을 세워 중앙 귀족으로 성장한 후에 왕실이나 여타 귀족과 중첩된 혼인 관계를 맺으면서 자손 대대로 권력을 행사했다.

경원 이씨는 이자겸의 할아버지였던 이자연이 세 딸을 고려 11대 임금인 문종에게 시집보내면서 왕실의 외척이 되었다. 그 후 권력의 중심부에 들어선 이씨 세력은 12세기에 들어와서 이자겸이 둘째 딸을 16대 예종에게 시집보내고, 셋째와 넷째 딸은 예종의 아들이자 자신의 외손자인 17대 인종과 결혼시키며 그 누구도 꿈꾸지 못한 부귀영화를 누리게 되었다.

여기서 잠시 삼천포로 빠져 보자.

인종이 부인으로 삼은 여자들은?

놀라지 마시라.

이모들이었다.

'뭐! 왕이 이모들과 결혼을?'이라고 인륜을 들먹이며 나쁘게 생각하진 말아라. 현대의 윤리관으로 보면 지탄받아 마땅한 행동이지만, 당시에는 근친혼이 성행했다. 혈통을 보존하고 분열을 막기 위한 의도로 동서양을 막론하고 신분제 사회에서 왕실과 귀족들은 근친혼을 적절히 활용했다. 아무튼 이자겸은 임금의 외할아버지 겸 장인이었다.

현실이 이러했으니, 이자겸은 나는 새도 떨어뜨릴 정도의 힘을 가지고 있었고, 나라 안팎에서 일어나는 모든 일은 그가 좌지우지했다.

그런 그가 반란을 일으켰다.

왜 그랬을까?

거참, 아무리 생각해도 이해가 안 된다.

이유는 단 하나다.

막강한 권력을 휘두르다 보니 자기가 왕이 되려는 허황된 욕심이 생긴 것이다.

거란과의 전쟁에서 최종적으로 승리를 거둔 고려는 이후 100여 년간을 평화롭게 살 수 있었다. 그런데 12세기로 접어들면서 만주에서 부족 단위로 살아가던 여진족이 급속히 성장하여 금나라[4]를 세우고 고려에 '사대'를 요구해 왔다. 사대(事大)란 작은 나라가 큰 나라를 섬기는 외교 행위로 당시의 고려 입장에서 여진족에게 사대를 한다는 것은 대단히 치욕스러운 일이었다. 그러나 당시 정권을 쥐고 있던 이자겸은 자신과 문벌 귀족 세력의 지배력을 그대로 유지하기 위하여 여진의 요구에 응하고 말았다.

4) 금나라(1115~1234)
여진족 출신 완안아골타가 세운 왕조.

당연히 고려의 조정 내에서는 이자겸의 이러한 행위를 비난하는 세력이 있었고, 반이자겸 세력은 금과 사대 관계를 맺은 일을 비난하면서 이자겸을 압박하였다. 이처럼 긴박한 시기에 인종은 반이자겸 세력을 적절히 활용하여 자신보다 권력이 더 강한 이자겸, 즉 장인을 견제하려고 했다. 이러한 와중에서 이자겸은 자신에게 불리한 정치적 국면을 타개하기 위하여 쿠데타를 계획했다.

이자겸은 자신이 왕이 될 수 있다고 굳게 믿었다. 시중에 '십팔자 왕설(十八子 王說)'이 널리 퍼져 있었는데, 이는 '十(십)+八(팔)+子(자)'로 결합된 성씨, 즉 이(李)씨가 왕이 된다는 얼토당토않은 유언비어였다. 글자를 이처럼 교묘하게 조합하여 시중의 여론을 유도하는 예언 사상을 '참위설(도참설)'이라고 하는데, 이러한 설이 세상에 널리 떠돌고 있었다는 것은 이자겸의 권세가 그만큼 강했고, 충분히 쿠데타를 성공시킬 수 있는 기반이 있었다는 것을 의미한다.

마침내 이자겸은 1126년 부하인 척준경과 함께 난을 일으켜 인종을 잡아 가두고 독살하려 했다.

피는 물보다 진하다고 하지만, 동서고금의 역사를 살펴보면 피보다 더 진한 것은 권력이었다. 최고 실력자가 되기 위하여 형제간에도 피의 살육전을 벌인 것이 우리 역사에도 종종 있었다. 하지만 어디 우리나라뿐이던가? 중국 최고의 명군으로 추앙받는 당나라 태종은 천상천하 유아독존이 되기 위하여 형과 동생을 눈도 깜빡 안 하고 죽였다. 수나라 양제는 임금이 되기 위해 아버지와 형을 살해했다. 폭군으로 유명한 로마 황제 네로는 자신을 왕으로 만들기 위해 남편을 독살했던 어머니를 단지 맘에 들지 않는다고 가차 없이 죽여 버렸다.

자신의 권력 강화에 방해가 된다면 부모 형제도 매몰차게 없애 버리는 것이 권력의 비정한 속성이니, 이자겸이 인종을 죽이려고 했던 것도 놀랄 일은 아니다. 만약 이때 이자겸이 인종을 죽였다면 왕씨의 고려는 거기서 끝나고 경원 이씨의 새 왕조가 탄생했을지도 모른다.

그러나 역사의 신은 경원 이씨에게 기회를 주지 않았다. 이자겸이 인종을 독살하려고 하자 자신의 딸이기도 한 인종 비가 막고 나섰다. 이자겸은 딸 때문에 어쩔 수 없이 인종을 살려 두었다. 그러던 차에 인종에게 기회가 왔다. "쥐구멍에도 볕들 날이 있다."라는 속담은 이런 경우에 쓰는 말이다. 난의 주역인 이자겸과 척준경 사이에 갈등이 발생했다. 인종과 친위 세력들은 척준경을 꾀어 이자겸을 제거하게 했다. 결국 이자겸은 믿었던 부하의 손에 붙들려 영광 땅으로 귀양을 가야 했다.

인종은 계속 왕위를 보존할 수 있었다. 그러나 이 난은 분명히 고려 전기를 지배했던 문벌 귀족 세력이 왕권을 능가할 정도로 비대해졌기에 나타난 사건이다. 즉 당시 고려 사회의 문제점이 문벌귀족 세력들의 권력 집중화 속에 발생하고 있음을 잘 보여 주고 있다.

일천 년래 제일대 사건

단재 신채호 선생을 아는가? "역사란 아(我)와 비아(非我)의 투쟁이다."라고 하면서 우리나라 근대 민족주의 역사학의 기초를 마련한 인물이다.

그런데 단재 신채호 하면, 그를 아는 사람들은 대부분 역사학자로 보지 않고 항일 의식이 투철했던 독립 운동가로만 생각한다.

왜 그럴까? 그것은 그가 독립 운동을 하기 위해 역사를 이용했던 대표적인 민족주의 역사학자였기 때문이다. 그는 역사를 통해 민족혼을 되살리려 했던 역사가인 동시에 철저한 항일 독립 운동가였다.

이런 단재 선생이 우리 역사에서 가장 안타깝게 생각했던 사건이 바로 묘청의 서경 천도 운동 실패였다.

왜 그랬을까?

일단 묘청의 서경 천도 운동이 무엇인지 간단히 살펴보고 단재 선생이 이 사건을 '조선 일천 년의 역사 속 제일대 사건'으로 간주했던 이유를 생각해 보자.

이자겸의 난 이후 고려 사회는 민심이 흉흉해지면서 각종 유언비어들이 난무했다. 이때 왕의 자문역을 맡고 있던 승려가 하나 있었으니, 묘청이었다.

묘청은 나라에 흉한 일이 많이 생기는 것은 '개경의 땅 기운이 쇠했기 때문'이라고 주장하면서 서경으로 수도를 옮길 것을 주장했다. 이자겸의 난으로 곤혹을 치른 인종은 묘청의 말에 마음이 동하여 몇 차례 서경을 방문하면서 새 궁전으로 '대화궁'을 건설하고 수도 이전을 계획했다.

그러나 개경을 기반으로 성장한 세력들에게 서경으로의 천도는 자신들의 기득권을 일거에 상실케 하는 대사건이었다. 당시 서경 천도파는 묘청 이외에 정지상·백수한 등이 있었는데, 이들은 "금에 대한 사대를 반대하고 왕을 황제로 칭하고 독자 연호를 사용하자."라고 주장하는 등 고려의 자주성을 강조하는 발언을 자주하여 금과 사대 관계를 맺는 것을 당연시하는 김부식과 같은 정국 주도 세력에게 배척을 받았다. 김부식 일당에게 묘청 일파는 목에 걸린 가시와 같은 존재들이었다.

고려 조정은 천도파와 반대파로 나뉘어서 날마다 싸웠다. 초기에는 서경 천도파의 주장이 힘을 얻었다. 그러나 다수를 점하고 있던 반대파 세력의 목소리가 점차 커지면서 왕은 서경 천도를 포기하고 말았다.

묘청이 들고일어섰다. 지지자들을 모아 국호를 대위(大爲), 연호를 천개(天開)라 하여 서경에 새 국가를 건설했다.

서경 천도가 개경을 기반으로 하던 기존 문벌 귀족들에게 큰 타격이 될 것으로 생각하고 있던 개경의 귀족들은 즉각 토벌군을 조직하였다. 토벌군의 총대장이 된 김부식은 "서경 반란에 서경 출신인 정지상·김안·백수한 등이 공모하고 있으니, 이들을 제거하지 않으면 서경을 수복할 수 없다."라고 하면서 비밀리에 군사를 보내 이들을 잡아 죽이고, 군사를 이끌고 서경으로 가서 묘청의 난을 평정하였다. 서경 천도 운동의 끝이었다.

이쯤해서 다시 단재 선생의 주장으로 되돌아가 보자.

단재 선생은 왜 묘청의 서경 천도 운동을 조선 역사에서 가장 애석했던 사건으로 손꼽았을까? 우리 땅이 일제의 식민지로 전락했던 1925년에 선생이 「동아일보」에 쓴 글에서 그의 생각을 엿볼 수 있다.

서경 전쟁을 역대의 사가(史家)들이 다만 왕이 보낸 김부식이 반역자를 친 전쟁으로 알았을 뿐이었으나, 이는 근시안의 고찰이다. 실상은 이 전쟁이 낭(郎)·불(佛) 양가 대 유가(儒家)의 싸움이며, 국풍파 대 한학파의 싸움이며, 독립당 대 사대당의 싸움이며, 진취사상 대 보수사상의 싸움이니, 묘청은 곧 전자의 대표요, 김부식은 후자의 대표였던 것이다. 이 전쟁에서 묘청 등이 패하고 김부식이 승리하였으므로 조선의 역사가 사대적·보수적·속박적 사상, 즉 유교사상에 정복되고 말았거니와, 만일 이와 반대로 김부식이 패하고 묘청 등이 승리하였더라면 조선사가 독립적·진취적 방면으로 진전하였을 것이니, 이 전쟁을 어찌 '일천 년래 제일대 사건(一千年來 第一大 事件)'이라 하지 아니하랴.

그가 보기에 묘청이 일으킨 서경 천도 운동은 독립당 대 사대당의 싸움이며, 진취사상 대 보수사상의 다툼이었던 것이다. 그리고 이 싸움으로 낭·불 양가는 패퇴하고 유가가 집권하면서 민족의 진취적인 기상이 사라지고 말았다. 또한 그때 이후 우리 역사는 보수적이고 사대적인 유가 세력의 그늘 아래 놓임으로써, 결국은 자주권을 수호하지 못하고 일제의 속박을 받게 되었던 것이다.

민족의식으로 꽉 찬 선생다운 주장이다.

묘청의 서경 천도 운동을 이야기하면서 우리가 한 가지 더 생각해 보아야 할 것이 있다. 바로 지역 갈등 문제이다. 개경과 서경의 갈등과 같은 지역 간의 갈등이 고려에만 있는 것은 아니다. 인간이 사는 곳이라면 그곳이 어디든지 간에 애향심 또는 남보다 우위에 서고자 하는 인간 본연의 이기심 때문에 지역 갈등이 존재한다.

현재 우리도 이 문제에서 결코 자유롭지 못하다. 고려시대에 개경과 서경의 갈등이 있었다면, 지금 우리에게는 동·서 갈등이 존재한다. 고려시대는 서로가 서로를 포용하지 못하고 대립하다가 결국 나라 전체를 전쟁의 소용돌이에 빠뜨렸다. 우리 또한 마찬가지다. 현재와 같이 지역 갈등을 방치하고 또 조장하는 세력이 확산된다면, 우리의 미래 또한 고려와 같지 않다고 누가 장담할 수 있겠는가?

인종이 묘청의 말을 듣고 서경에 짓도록 하였던 대화궁 터

지역 갈등은 한쪽의 일방적인 양보 속에 해결될 수 있는 사안이 아니다. 갈등의 당사자들이 서로 배려하고 함께 공존하려고 노력할 때 눈 녹듯이 사라지는 것이다. 정녕 역사를 통해 미래를 예측할 수 있다면, 묘청의 난을 통해서 우리 미래를 생각해 보는 것도 현명한 역사 읽기가 될 것이다.

# 단재 선생의 지독한 항일 의식

일제강점기 시절 독립 운동가이자 역사학자였던 단재 신채호 선생. 그의 항일 의식은 보통 사람들이 혀를 내두를 정도로 지독하였다. 다음은 선생의 항일 정신을 보여 주는 일화들이다.

중국 망명 시절, 한 친구가 단재 선생을 위하여 푸짐한 중국 음식을 주문했다. 한참 맛있게 음식을 먹고 있던 단재는 음식을 배달하는 종업원에게 음식 맛이 아주 좋다고 칭찬하면서 물었다.

"그런데 이 고기가 무슨 고기이기에 이처럼 맛이 독특하지? 어디서 온 건가?"
"그 고기는 동양어라는 것으로, 일본에서 직접 가져온 희귀한 것입니다."
"뭐라고? 왜놈 것이라고?"

 **역사 그루터기**

선생은 일본에서 가져왔다는 말에 혼비백산하며 화장실로 달려가 먹던 음식을 모두 토해 버렸다. 그러고는 음식을 산 친구에게 미안한 생각이 들었는지 다음과 같이 말했다.

"미안하네. 하지만 왜놈 고기는 내 위장이 좀처럼 받지 않으니 별수 없지 않은가."

단재 선생은 술을 좋아했지만 많이는 못 마셔서 두서너 잔이 고작이었다. 하지만 담배만큼은 유명한 골초였다. 그런 선생이 민족주의 신문인 「대한매일신보」에 몸담고 있었을 당시 「대한매일신보」는 우리 정부가 일본에 진 빚 1,300만 원을 갚는 국채보상운동을 주도하고 있었다. 남자들은 금연을 하고, 아녀자들은 자신들이 아끼는 금가락지·은팔찌 등을 팔아 일본 빚을 청산하자며 기금을 모으고 있을 때 선생도 즐기던 담배를 끊어 국채보상금으로 일금 2원을 냈다. 모두가 단재의 금연은 실패할 것이라고 장담했지만, 나라를 위한 마음이 확고하였기에 단재는 담배를 끊어 보상금 모금 운동에 참여할 수 있었던 것이다.

세수와 관련된 일화도 단재 선생의 항일 정신을 잘 보여 주고 있다. 선생은 세수할 때 허리와 고개를 굽히는 법이 없었다. 그냥 서서 손으로 물을 찍어 얼굴에 바르고 다시 물을 찍어 얼굴에 바르는 식이었다. 그렇게 세수를 하니 세수할 때마다 옷이 온통 물에 젖어 버리곤 하였다. 주위 사람들이 이상하다고 말을 하였지만, 단재는 "옷 젖는 것이 뭐 그리 대단한 일이겠소. 나는 다만 일본을 향해 고개를 숙이기가 싫을 따름이오."라고 답했다.

단재 신채호

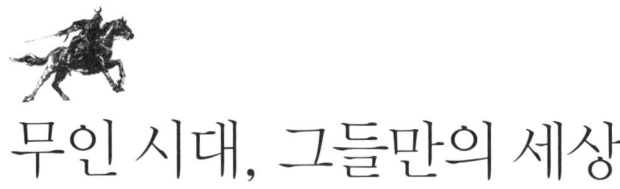

무인 시대, 그들만의 세상

1961년 5월 16일, 군인들이 입는 잠바에 검은 선글라스로 두 눈을 가리고 별 두 개를 단 박정희가 무표정한 얼굴로 한강을 건너 국토의 심장부 서울을 접수했다.

그 후 우리나라는 30여 년을 군인들의 철권통치 아래 고통 받았고, 입이 있어도 바른 말을 할 수 없는 암흑 속에서 살아야 했다. 물론 국민 전체가 '안 되면 되게 하라.'는 투철한 군인 정신 속에 일사불란하게 움직인 까닭에 고도 성장기를 맞을 수 있었지만, 그 속에는 빈부 격차의 심화, 인권 침해, 지역 갈등이라는 부

작용이 자리 잡고 있어서 지금까지 우리 발목을 붙들고 있다.

그런데 우리 역사에서 군인들이 '무데뽀'로 통치했던 시기가 현대사에만 있는 것은 아니다. 지금으로부터 약 800년 전에도 그런 시기가 있었다. 12세기 후반부터 13세기 후반까지 무려 100여 년간을 무인들이 통치했었다.

1170년 8월, 무인들이 들고일어섰다. 개경 근처의 절인 보현원에서였다. 당시 왕인 의종은 경치가 좋은 곳을 찾아다니며 문신들과 어울리기를 좋아했는데, 보현원으로 놀이를 가던 중 호위하는 무사들에게 무술 시범을 보이도록 하였다. 이때 대장군이었던 60대의 이소응이 젊은 무인과 수박(手搏)5) 대결을 벌이다가 힘에 부쳐서 지고 말았다. 옆에서 구경하고 있던 젊은 문신 한뢰가 '대장군이 그것도 못 이기냐.'며 이소응의 빰을 후려쳤다. 왕과 문신들이 배꼽을 잡으며 박장대소했다.

그날 밤이었다. 몹시 화가 난 무인들은 상장군6) 정중부를 중심으로 뭉쳐서 난을 일으켰다.

5) **수박** 우리나라 전통 무술로 주로 손을 써서 상대를 공격하거나 수련을 한다. 태권도도 이 무술에서 나왔다고 한다.

6) **상장군** 고려 무신 계급 중 최상위 계급. 우리나라의 육군참모총장에 해당된다.

고구려 무용총 벽화에 그려진 수박 대결 모습

"무릇 문신의 관(冠)을 쓴 놈은 하급 관리라 할지라도 씨를 남기지 말라."

정중부의 명을 받은 무신들은 문신들을 닥치는 대로 죽였다. 무인 시대의 시작이었다.

무신 정변의 도화선은 문신 한뢰의 막돼먹은 행동이었지만, 단지 이 사건 때문에 무인들의 분노가 폭발한 것은 아니었다. 고려시대 무신은 문신들에 비하여 심한 차별대우를 받았다. 정3품인 상장군까지밖에 진급할 수 없었고, 그 이상 승진하려면 문관의 반열에 드는 직을 받아야 했다. 그러나 무신에게 문반 직을 주는 일은 없었으므로, 결국 무신은 2품 이상의 재상이 될 수 없었다. 상황이 그러하니 군사 업무를 총괄하는 병부 장관도 문신 차지였으며, 전쟁을 지휘하는 최고 사령관인 원수나 부원수도 문관이었다. 또한 국경 지방에 군사 행정구역으로 설치된 양계의 장관, 즉 병마사도 문관 차지였다.

이러한 차별은 묘청의 서경 천도 운동 이후 한층 심해졌다. 고려 정부는 의도적으로 무인 세력을 경계하여 군인들에게 녹봉으로 주던 땅인 군인전의 지급을 중단했다. 여기에 왕과 문신들이 밤샘 잔치를 벌일 경우, 무신들은 배를 곯아 가며 행사장 주변을 호위해야 했다.

차별 대우가 이 정도였으니, 무인들이 보현원에서 들고일어선 것은 어찌 보면 당연한 것이었다. 여기에 문벌 귀족들의 수탈에 신물이 나 있던 농민들도 군사 쿠데타를 은연중에 지지했다.

그런데 무인은 어쩔 수 없는 무사들이었다. 정권을 잡은 무인들은 부패한 사회를 개혁하는 데 힘을 쓰기는커녕, 자신들의 잇속을 챙기는 데 급급했으며 힘으로 모든 것을 해결하려 했다. 또한 무인 내부에서 하극상의 풍조가 만연하여 무신 정권은 하루도 바람 잘 날이 없었다.

쿠데타 성공의 주역이었던 이고는 또 다른 주역인 이의방에게 살해되었다. 이의방은 정중부가 죽였다. 정중부 역시 얼마 후 자신의 부하였던 경대승에게 죽임을 당했다. 경대승이 30세의 나이로 병들어 죽자 부하인 이의민이 정권을 물려받았다. 그러나 이의민은 최충헌에게 피살되었다. 이처럼 무신 정권은 초기에 잦은 세력 교체 속에 극도로 혼란스러웠다.

이러한 무신 정권 내부의 권력 다툼이 수그러든 것은 최충헌이 권력을 잡으면서부터였다. 최충헌은 1196년 상관인 이의민을 제거하고 권력을 장악하여 1인자의 자리에 올라선 후, 교정도감[7]을 바탕으로 권력을 강화하여 자손에게 대물림했다. 이

7) **교정도감** 최충헌이 권력을 잡은 이후 만들어진 무신 정권의 최고 권력기구. 최씨 정권의 반대 세력을 제거하는 데 이용되었을 뿐만 아니라 나랏일 전체를 이 기구가 담당했다.

후 최씨들은 13세기 중반까지 무려 60여 년간 고려 정부를 쥐고 흔들었다. 최충헌이 아들 최우에게 교정도감의 으뜸벼슬인 교정별감을 물려준 뒤 최우는 아들 최항에게, 최항은 아들 최의에게 권력을 세습하였다.

물론 최씨 세상도 끝은 있었다. 최우 집권기에 몽골군의 침입으로 시작된 기나긴 전쟁 과정에서 내분이 생겨 1258년 최씨 정권의 마지막 실력자 최의가 심복인 김인준에게 살해되면서 완전히 붕괴되었다.

잠깐!
Just a moment!
무인 정권의 결말이 어떻게 났는지 궁금하지 않은가?

최씨 세상이 끝났으니, 무신 정권도 끝장났을까?
그건 아니다.
최씨 정권이 막을 내린 이후에도 김인준·임연·임유무

로 무신 정권은 이어졌다. 하지만 그 힘은 점차 줄어들어 결국 1270년에 문신들에게 권력이 넘어가며 무인 시대가 종료되었다. 정중부가 '얼굴 마담'이 되어 보현원에서 거사를 일으킨 지 100년 만의 일이었다.

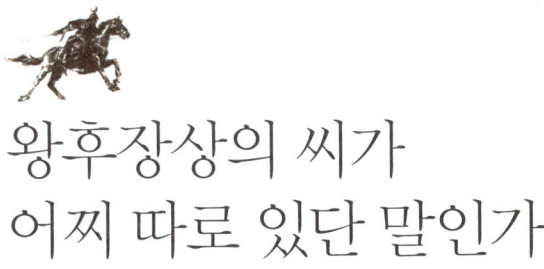

왕후장상의 씨가
어찌 따로 있단 말인가

"정중부가 무신의 난을 일으킨 이후 나라의 높은 벼슬아치는 노예 계급에서도 많이 나왔다. 왕과 제후, 장수와 재상의 씨가 어찌 따로 있겠는가? 때가 오면 누구든지 다 할 수 있는 것이다. 우리들이 주인의 매질 아래 고통만을 당할 수는 없다. 최충헌을 비롯하여 각기 자기 상전을 죽이고 우리나라를 노예가 없는 땅으로 만들면, 우리도 높은 벼슬자리를 차지할 수 있다."

철저한 신분제 사회였던 고려시대에 이런 주장을 했던 사람이 있었다.

누굴까?

만적? 딩동댕!

만적은 최씨 무신 정권을 창출했던 최충헌 집안의 노비로 자신의 주인인 최충헌이 상전을 죽이고 최고 권력자가 되는 것을 보면서 아주 대담하게 천민들도 인간답게 사는 세상, 즉 그들만의 해방구를 꿈꾸었다.

때는 1198년 5월, 만적은 나무를 하러 산에 모였던 노비들을 전부 모아 놓고 일장 연설을 했다.

"왕후장상의 씨가 어디 있단 말이냐? 우리도 거사에 성공하면 부귀영화를 누릴 수 있다."

만적의 열변에 노비들은 감동을 받아 적극 동조하면서 거사를 계획했다. 그러나 이 난은 실패로 끝나고 말았다. 실제 거사하기로 약속한 날에 예상과는 달리 백여 명의 노비만 모였고, 거사 실패를 두려워한 순정이란 노비가 자기 주인에게 봉기 계획을 발설하여 결국 만적을 비롯한 주동자들은 전부 체포되어 산 채로 강물에 던져졌다.

배신자 순정은 어찌 되었을까? 이라크 전쟁 당시에 후세인의 두 아들이 숨어 있던 곳을 미군에 알려 준 나와프 알 자이단이란 사람은 우리 돈으로 약 360억 원의 거금을 받고 유유히 다른 나라로 사라졌다. 순정 역시 마찬가지였다. 은 80냥을 상금으로 받고 양민으로 승격되었다. 어느 시대에나 예수를 팔아넘긴 가롯 유다와 같은 배신자는 존재하는 법이다.

그런데 만적은 노비인 주제에 어떻게 정권까지 탈취하려는 대담한 발상을 할 수 있었을까? 자신의 신분을 당연한 것으로 받아들이고 살았던 시대에 어떻게 이런 일이 가능했을까? 콩 선생의 대답은 "그럴 수도 있다."이다.

그 이유는?

당시 사회는 무인들이 집권을 하던 시대로 신분적으로 천

대받았던 사람들이 줄을 잘 서서 고관대작으로 출세하는 경우가 종종 있었다. 정중부와 함께 무신 정변의 주역이었던 이의민도 경주의 천민 출신이었으나 무술 실력 하나로 중앙에 발탁되어 지금의 국방부장관에 해당하는 병부판서까지 지냈다.

힘이 세거나 무술 실력이 좋은 자들의 고속 출세는 무신 정권 시대에 간혹 있었던 일로 노비와 같은 천민들에게도 자극이 되었을 것이다. 이러한 시대 배경이 있었기에 만적은 다수의 노비를 설득하여 자기들의 세상, 즉 '천민 왕국'을 세우려 했던 것이다.

만적의 거사가 실패로 끝나긴 했지만 이것은 농민·천민의 봉기 중 하나였을 뿐이다.

　공주 명학소의 난, 김사미·효심의 난, 최광수의 난, 이연년 형제의 난 등 무신이 집권하던 시기에 전국 각지에서는 다수의 농민·천민들이 신분 해방을 외치며 들고일어섰다.

　물론 이러한 봉기의 일차적 이유는 배고픔 해결이었다. 하지만 그 속내를 자세히 들여다보면, 급격한 신분 질서 변화 속에 농민·천민들이 "우리도 신분을 상승시켜 편하게 잘살자."라는 의도를 지니고 있었음을 알 수 있다.

　실제로 무신 정권은 농민·천민의 난을 해결하는 과정에서 천민 집단을 양인 집단으로 승격시켜 주기도 했다. 공주 명학소는 수공업을 전문으로 하는 천민 집단이었는데, 망이·망소이 형제가 주동하여 봉기를 일으켰다. 이 난을 '공주 명학소의 난' 또는 '망이·망소이 형제의 난'이라고 하는데, 난이 진압되는 과정에서 망이·망소이 형제는 죽었지만, 봉기가 종결된 후에 명학소는 양인 마을로 승격되었다.

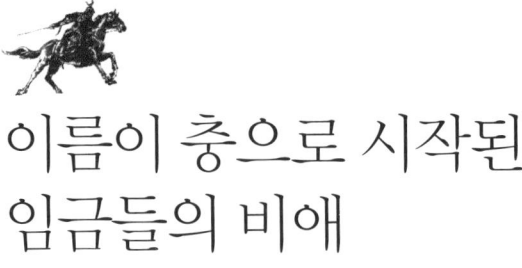

이름이 충으로 시작된 임금들의 비애

다음 왕들은 어느 나라 임금들일까?

충렬왕, 충선왕, 충숙왕, 충혜왕, 충목왕, 충정왕.

정답은 '고려'이다.

이들은 고려 후기에 임금을 했던 왕들로 고려는 '조(祖)'나 '종(宗)'을 묘호[8]로 사용했으나, 25대 충렬왕부터는 조·종을 쓰

8) **묘호** 왕이 죽은 뒤에 종묘에 왕의 위패를 모시기 위해 쓰는 호.

지 않고 'ㅇㅇ왕'으로 썼다. 특히 충렬왕부터 30대 충정왕까지 6명의 임금은 이름 앞에 충(忠) 자가 들어가 '충ㅇ왕'이었다.

물론 여기에는 피치 못할 사연이 담겨 있다.

우리나라에서 묘호 제도는 삼국시대부터 사용되었으나, 사용이 일반화된 것은 고려시대부터이다. 고려의 임금들은 죽은 후에 묘호와 시호9)를 함께 받았다. 그러나 충렬왕부터 고려 마지막 임금인 공양왕까지는 시호만 썼다.

9) **시호** 왕이나 사대부가 죽은 뒤에 그 공덕을 찬양하여 국가에서 내려 주는 호.

아니! 왜 시호만?

이렇게 된 데에는 원나라 간섭기라는 특수한 상황이 고려 역사에 있었기 때문이다. 최씨 무신 정권의 2대 실력자 최우가 집권하던 1231년, 고려 땅을 침입하여 전 국토를 휘젓고 다닌 몽골군은 1270년에 고려를 속국으로 삼았다.

이때 원나라는 속국인 고려가 자기들과 같은 급일 수는 없다고 판단하여 왕실 용어와 관제를 전부 자기 나라보다 낮추어 사용하도록 했다. 즉, 신하가 임금을 부를 때 사용하는 용어인 '폐하'를 '전하'로 격하시켰으며, 차기 임금이 될 왕자에게 사용하는 '태자'를 '세자'로 낮추어 부르게 했다. 폐하는 황제를 칭하는 용어이며, 전하는 황제보다 한 등급 낮은 군주인 왕을 부를 때 쓰는 칭호이다. 또한 황제를 계승할 왕자는 태자였고 태자는 왕과 동급이었다. 그렇기 때문에 '태자 전하'라고 하는 것이다. 왕을 계승할 왕자는 세자로, 태자보다는 한 등급 아래였고, 아랫사람들은 '세자 저하'라고 불렀다.

예전에 〈제국의 아침〉이란 역사 드라마가 있었다. 고려 광종 때를 소재로 하여 만든 드라마였는데, 제목으로는 적격이었다. 왜냐하면 광종은 스스로를 황제라 칭했으므로 당시 고려는 '황제가 다스리는 나라', 곧 제국이었다. 그러나 만일 원나라 간섭기 이후의 시기를 드라마로 꾸몄다면 '제국의 아침'이 아니라 '왕국의 아침'이 되었을 것이다.

그런데 왜 원나라 간섭기가 끝난 이후에도 조·종의 묘호를 쓰지 않고 자존심 상하게 왕을 그대로 사용했을까?

원의 힘이 약해지는 것을 보고 공민왕은 반원 자주 개혁 정치를 추진했다. 하지만 친원파 세력이 완전히 척결된 것은 아니었다. 친원파 세력은 고려 말까지 지속적으로 조정 내의 핵심 요직을 차지하고 있으면서 전권을 휘둘렀다.

만약 공민왕의 개혁 정치가 성공을 거두어 친원파 세력을 모조리 쓸어 버렸다면 조·종으로 복귀했을지도 모른다. 하지만 불행하게도 공민왕은 기세 싸움에서 친원파에 밀렸고 친원파는 이성계가 위화도에서 회군했던 고려 말까지 조정을 주물럭거렸다.

원 간섭기에 고려를 다스렸던 임금들의 이름을 보면 확실하게 표가 난다. 원나라가 자기 나라 황제에게 충성을 다해야 한다는 표시로 이름의 첫 자에 '충성 충(忠)' 자를 넣어 시호를 내려 줬기 때문이다.

바로 그들이 충렬왕, 충선왕, 충숙왕, 충혜왕, 충목왕, 충정

왕이었다. 이들은 표면적으로는 분명 임금이었다. 하지만 자신의 의지대로 나라를 다스릴 수는 없었다.

차기 왕으로 내정된 왕자는 원에 볼모로 잡혀가서 온갖 멸시를 받으며 젊은 시절을 보내야 했고, 고향에서 왕이 죽었다는 소식이 오면 그때서야 원나라 황제가 지정하는 원 황실의 여자와 결혼한 후 귀국할 수 있었다.

현실이 이러하니, 원 간섭기의 고려왕은 원나라 황실 출신인 왕비보다도 권력이 약한 존재였으며, 원 황제의 뜻에 따라 움직인 허수아비 왕이었을 뿐이다. 일제강점기보다야 나았겠지만 그에 버금갈 정도로 불행했던 역사가 원나라 간섭기 시절의 고려 역사였다.

7 고려인의
삶과 예술

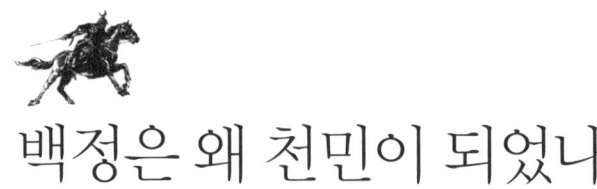

백정은 왜 천민이 되었나

'백정' 하면 무엇이 떠오르는가?

소나 돼지와 같은 짐승을 잡아 죽이는 도살업에 종사하는 사람이 바로 연상될 것이다. 그러나 조선 초기까지만 해도 백정은 일반 농민, 좀 더 자세히 설명한다면 자기 토지를 갖지 못한 가난한 농민을 가리키는 용어였다.

고려시대에 이들은 자기 땅을 가지고 농사를 짓는 자영농보다는 지위가 다소 낮았으나, 우리가 생각하는 것처럼 천민은 아니었다. 양인이었다. 그런데 이들이 왜, 언제부터 천민으로 전락하였을까?

고려시대 도살업자는 '화척'으로 천민에 속하였다. 화척은 본래 여진이나 거란족과 같은 북방 민족으로 고려에 귀화한 사람들을 가리켰다. 이들은 고려 사람이 된 후부터 주로 국경 근처의 산악 지대에서 사냥을 하며 살았다. 그런데 먹고사는 문제를 해결하는 것이 쉽지 않아서 때에 따라 왜구로 위장하여 고려인 마을을 약탈하기도 했고, 거란 침입 때는 그들의 앞잡이가 되어 고려 침략의 선봉에 서기도 하는 등 배은망덕한 짓을 자주 하였다. 그래서 고려 조정은 이들을 무력으로 탄압하는 경우가 많았다.

고려 정권이 안정될수록 이들은 노략질하기가 더 힘들어졌다. 이제는 자신들의 힘으로 먹고살 방안을 강구해야만 했다. 이때 이들이 생업으로 선택했던 것이 있으니, 바로 도살업이었다. 수렵민족으로서 짐승의 고기와 가죽을 다루는 일에는 능수능란했기에 도살업은 그들에게 최적의 직업이었다. 아무튼 이러한 연유 때문에 고려에서는 화척 하면 도살업자를 의미하게 되었다.

그런데 조선의 명군주 세종 시기에 문제가 생겼다. 세종은 국가 재정을 확보하고 군역에 충실을 기하기 위하여 화척들을 양인으로 승격시켜 백정에 편입시켰다. 세종의 의도는 '화척의 양인화'였다. 그러나 이런 의도와는 다르게 일이 전개되었다. 비록 자작농보다는 못했지만 확실한 양인이었던 백정 전체가 오히려 도매금으로 넘어가서 사람들은 백정 전체를 도살업을 하는 천민으로 취급하여 천대하기 시작했다. 사정이 이렇다 보니, 본래의 백정들조차 백정이란 말을 꺼리게 되어 백정 하면 도살업자를 의미하게 되었다. 백정의 개념이 고려시대와는 완전히 다르게 변하고 만 것이다.

이러한 백정들이 천민의 굴레를 벗어 던진 것은 1894년 갑오개혁으로 노비제가 폐지되면서부터였다. 물론 국가가 평등사회를 공식적으로 천명했다고 해서 조상 대대로 내려오던 천민에 대한 차별대우가 금세 없어지지는 않았다. 갑오개혁 이후에도 백정들은 천한 직업을 가진 자로 인식되어 각종 차별을 받아야 했다.

백정들이 자각심을 가지고 자신들의 인권 옹호에 적극 나선 것은 일제강점기 시절이었다. 1923년 진주 지방을 시작으로 전국에 확산된 형평사(衡平社) 운동은 백정들의 신분 차별 철폐 운동이었다.

이 단체를 통하여 백정들은 자신들의 사회적 지위 향상을 꾀하였고, 더 나아가서는 민족주의 운동을 전개하였다. 그들의 노력 속에 점차 백정들에 대한 차별도 희석되어 갔다.

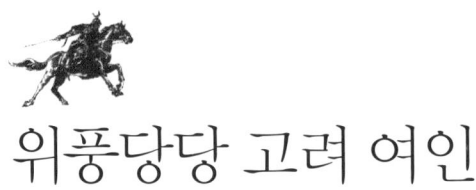

위풍당당 고려 여인

2008년 1월 1일을 시작으로 우리나라에 호주제가 폐지되었다.

호주제가 뭐냐고? 일제강점기 시절에 만들어진 것으로 남자를 중심으로 가(家)를 구성하고, 그 가는 남자만 이어 가는 것이 특징인 법률상의 가족 제도이다. 잘 모르겠다고? 그렇다면 조금 쉽게 설명해 보자.

호주제에서는 여성이 혼인하면 남편의 호적에 입적해야 한다. 자녀 또한 출생과 동시에 아버지의 호적에 입적하도록 규정되어 있다. 따라서 이 제도하에서 여성은 주체적 존재가 아닌, 남성에게 딸린 식구일 수밖에 없다. 또한 아들→ 미혼인 딸→ 처→ 어머니→ 며느리 순으로 규정된 호주 승계 순위는 아들이 딸보다 더 중요하다는 사회 인식을 내포하고 있어서, 남자아이를 선호하는 풍조의 주범이 되어 왔다.

이러한 이유 때문에 호주제는 여성 운동을 하는 단체들이 폐지하기를 줄곧 원해 왔다. 물론 호주제 폐지가 조상 대대로 내려오던 좋은 전통 하나를 완전히 없애 버린다고 반발하는 사람들도 있다. 그러나 역사적으로 살펴보면, 남성 위주의 호주제가 우리 사회에 받아들여진 세월은 별로 길지 않다.

남녀 차별과 신분제를 인정하는 성리학이 우리 사회에 굳건히 뿌리를 내리기 전인 16세기 중반까지는 우리 역사에서 남녀 차별이 거의 없었다. 특히 고려시대는 우리가 상상한 것보다 훨씬 더 남녀가 동등한 사회였다.

고려의 호적을 보면 남편이 죽었을 경우에 장성한 아들이 있더라도 어머니가 호주가 되었으며, 누나와 남동생이 있으면 호적에 누나가 먼저 기록되고 남동생이 그 뒤에 오는 등 남녀 가리지 않고 철저히 나이순으로 기록하였다. 또한 재산 상속이 조선 후기에는 철저히 장남 위주로 이루어졌던 데 반하여, 고려시대에는 부모의 유언이 없는 한 아들딸에게 고루 분배되었다. 그렇기 때문에 늙은 부모를 모시는 일이나 사후에 지내는 제사 또한 아들딸이 서로 돌아가며 지냈다.

결혼 역시 마찬가지였다. 남편이 사망하면 이팔청춘의 나이라도 늙어 죽을 때까지 혼자 살거나 혹은 가문의 명예를 더럽히지 않기 위하여 주변의 강압 속에 자결해야 했던 조선의 여인네에 비하여, 고려의 여성들은 과부가 되었을 경우 계속 시집살이를 하기보다는 상당수가 친정으로 되돌아가서 새 삶을 개척했다. 또한 처가살이, 즉 남자가 여자 집에서 얹혀사는 경우도 상당했다. 이른바 '겉보리 서 말만 있으면 처가살이 하랴.'라는 속담이 고려에서는 통용되지 않았던 것이다.

이러한 사실로 보건대, 고려의 여성은 남자들에 비하여 크게 차별받지 않고 제 할 말을 다하면서 살았다는 것을 알 수 있다. 그런데 조선시대로 들어서면서 성리학의 영향 속에 남녀 간의 차별이 나타나더니, 조선 후기에는 완전히 남성 중심의 사회로 바뀌어 오늘날까지 영향을 미치고 있다.

하지만 역사의 수레바퀴는 돌고 돌아 우리는 다시 여성의 권리가 인정되는 시점에 서 있다. 흘러가는 물은 누구도 막을 수 없듯이 역사 또한 마찬가지다. 미풍양속이 파괴된다는 명분을 들이대며 여성의 권리 증진을 막는 행위는 분명 잘못된 사고이다. 양성 평등은 성리학으로 왜곡된 우리 사회의 남녀 관계를 바로 잡는 길이며, 평등을 지향하는 현대 사회에서 거부할 수 없는 시대의 흐름이다.

고려시대의 호주 승계 　　　　　　조선시대의 호주 승계

역사 그루터기

가부장제의 상징 호주제, 역사의 뒤안길로 사라지다

호주(戶主)란 '한 호적에 등재되어 있는 가족을 통솔하거나 지배하는 자이며 가계를 이어 가는 사람'을 말한다. 호주제가 폐지되기 이전의 민법 제778조에는 "일가의 계통을 승계한 자, 분가한 자 또는 기타 사유로 가(家)를 창립하거나 부흥한 자는 호주가 된다."라고 규정되어 있었다.

구 민법상의 호주제는 호주에게 호적상에만 존재하는 형식적 개념인 '가'를 대표하도록 하고 가족 구성원을 통솔할 수 있는 권리와 의무를 부여함으로써 가족 관계를 종적이며 권위적인 것으로 규정하고 있었다.

여성 운동 단체들은 이러한 호주제를 남녀평등을 가로막는 최대의 악법이라 생각하여 지난 40여 년 동안 꾸준히 철폐 운동을 벌였고, 유엔 인권위원회도 수차례에 걸쳐 폐지를 권고한 바 있다.

사실 우리 사회에 호주제가 도입된 것은 그리 오래된 일이 아니다. 호주에 대한 느낌이 워낙 강하기 때문에 호주제의 성립이 아주 오래전에 이루어진 것 같지만, 고려시대에는 호주라는 이름 자체가 없었다. 조선시대의 기본 법전인 『경국대전』을 위시한 각종 법전에도 호적과 호적 편성의 규정은 보이나, 호주라는 용어를 사용한 경우는 보이지 않는다.

따라서 호주제 폐지 반대론자들이 주장했던 것처럼 호주제가 우리의 전통적인 제도는 결코 아니다. 호주제의 연원을 따라가 보면 호주제는 일제강점기 시절인 1915년 일제가 민적법을 개정하면서 실시한 제도임을 알 수 있다.

그렇다면 호주제는 무엇이 문제였고 왜 폐지해야 했는가?

일단 호주제는 법률상 호주와 다른 가족 구성원을 구분하여 서열화하기 때문에 가족 간의 평등을 저해하고 있었다. 여기에 호주제는 남자 위주의 호주 승계가 전제되는 가족 형태가 아닌 재혼 가족, 독신모(싱글맘) 등을 비정상적인 가족으로 규정하는 이념적·심리적 장치를 내포하고 있다. 또한 딸만 있는 집은 아버지가 사망하면 호주가 없어지며, 이혼한 여성이 양육권과 친권을 가지고 자녀와 한집에 사는 경우라도 어머니 호적에 자녀를 올릴 수가 없었다. 뿐만 아니라 여성이 자녀를 데리고 재혼한 경우, 자녀를 양부의 호적에 올릴 수도 없기 때문에 형제끼리 성이 달라서 난처한 상황이 발생하기도 했다.

따라서 남녀평등 차원을 떠나 우리 사회가 가부장 중심의 전근대적 가족 제도에서 탈피하기 위해서는 호주제 폐지가 당연한 것이었다.

역사 그루터기

호주제 폐지로 이전과 달라진 것은 무엇이 있을까?

첫째, 자녀가 어머니 성을 가질 수도 있게 되었다.
둘째, 재혼한 가정의 경우, 자녀가 새아버지의 성으로 바꿀 수 있게 되었다.
셋째, 이혼한 여성도 자녀와 부모 관계를 인정받을 수 있게 되었다. 호주제가 있을 때는 실제는 그렇지 않더라도 법률상으로는 이혼한 어머니와 자녀는 가족이 아니었다.
넷째, 양자도 친자녀와 똑같은 권리를 가질 수 있게 되었다.
다섯째, 같은 성씨끼리 결혼을 못하게 하는 동성동본 금지 조항이 완화되었다. 8촌 이내만 아니면 같은 성씨끼리 결혼할 수 있게 되었다.

이러한 것이 가능하게 된 호주제의 폐지는 2005년 3월 31일 법률 제7427호의 공포로 현실화되었다.

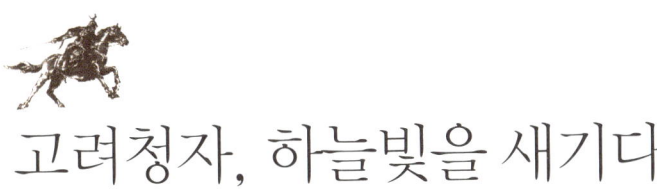

고려청자, 하늘빛을 새기다

청자예찬

　　선(線)은

　　가냘핀 푸른 선은

　　아리따웁게 구을러

　　보살(菩薩)같이 아담하고

　　날씬한 어깨여

　　사월 훈풍(薰風)에 제비 한 마리

방금 물을 박차 바람을 끊는다.

그러나 이것은

천 년의 꿈 고려 청자기(靑瓷器)!

빛깔 오호! 빛깔

살포시 음영을 던진 갸륵한 빛깔아

조촐하고 깨끗한 비취(翡翠)여

가을 소나기 마악 지나간

구멍 뚫린 가을 하늘 한 조각

물방울 뚝뚝 서리어

곧 흰구름장 이는 듯하다.

그러나 오호 이것은

천 년 묵은 고려 청자기!

술병 물병 바리 사발

향로 향합 필통 연적

화병 장고 술잔 벼개

흙이면서 옥(玉)이더라.

구름 무늬 물결 무늬

구슬 무늬 칠보(七寶) 무늬

꽃 무늬 백학(白鶴) 무늬

보상화문(寶相華門) 불타 무늬

토공(土工)이요 화가더라.

진흙 속 조각가다.

그러나 이것은

천 년의 꿈 고려 청자기!

월탄 박종화 선생이 1946년에 청자의 아름다움을 찬양하며 쓴 「청자부(靑磁賦)」이다. 선생의 표현처럼 고려청자에는 소나기 후두둑 쏟아지고 난 뒤의 청명한 가을 하늘 한 조각이 고스란히 담겨 있다.

고려청자에 대한 명성은 이미 당대에 널리 퍼져 있었다.

중국 송나라의 태평 노인은 『수중금(袖中錦)』[10]에서 촉의 비단, 절강의 차와 함께 고려청자를 극찬하고 있다.

1123년 송나라 사신으로 고려에 왔던 서긍은 기행문집 『고려도경』에서 "술항아리, 질그릇의 푸른 빛깔을 고려 사람들은 비색이라고 한다."라고 하면서 근년에 들어 만드는 솜씨가 교묘하고 빛깔도 더욱 예뻐졌다고 찬사를 보내고 있다.

10) **『수중금』** 송의 태평 노인은 이 책에서 당시 중국의 상류 사회에서 유행하던 천하제일 명품 열 가지를 뽑는 가운데 중국 청자를 제쳐두고 고려청자를 꼽았다.

단아하고 화려한 귀족 미, 고려청자

청자는 고려에서 처음 만들어진 것이 아니다. 3세기경 중국에서 만들어졌다. 유비와 조조가 천하를 차지하기 위하여 치열하게 다투고 있던 삼국시대에 옥의 대체 용품으로 사용하기 위해 만들기 시작했다고 한다.

중국에서 옥은 군자를 상징하는 보물로, 악귀를 쫓고 죽은 후의 내세를 보장해 주는 귀중한 물건이었다. 따라서 중국인들은 옥을 몸에 즐겨 지녔으며, 부모님이 돌아가시면 무덤 안에 옥을 다수 넣는 것이 효도라고 생각했다. 그런데 문제는 옥의 가격이었다. 출토지가 한정되었기에 가격이 매우 비쌌고, 큰 부자가 아닌 이상 다량의 옥을 무덤 안에 넣기는 힘들었다.

이러한 때 인간의 머리는 비상할 정도로 빠르게 회전한다. 어느 시대에나 수요에 비해 공급이 절대적으로 부족하면 물건 값이 뛰고 이때 틈새시장을 겨냥한 기발한 아이디어 상품들이 등장한다. 실패에 실패를 거듭하면서도 당시 사람들은 옥을 대체할 최첨단 신제품으로 청자를 탄생시켰다.

청자 만드는 기술이 왜 최첨단이냐고? 청자가 어떻게 만들어지는지 살펴보면 그 이유를 알 수 있다.

청자는 불순물이 없는 깨끗한 고령토로 그릇을 만들어 700~800℃에서 일차 구워 낸다. 그 위에 철분이 3%가량 들어 있는 유약을 입혀 1,300℃ 정도의 고온에서 재차 구워 낸다.

자기를 만드는 흙을 고령토라고 하는데, 그 이유는 중국 강서성의 고령산에서 나는 흙을 가장 으뜸으로 쳤기 때문이다.

유약이란 나무를 태워 만든 잿물에 장석 가루를 조금 섞은 것으로 철분의 함유 정도에 따라 자기의 빛깔이 결정된다. 대체로 철분이 1% 정도면 연두색, 3% 정도면 비색, 5% 정도면 어두운 녹색의 청자가 된다고 한다. 지금 보면 별것 아닌 것 같지만, 1,800여 년 전에 청자를 만드는 기술은 지금으로 치면 반도체를 만드는 정도의 고급 기술이었다.

고려의 도공들은 조상 대대로 전수받아 온 도기 만드는 기술에 중국의 청자 제조 기술을 접목시켜 갖은 시행착오 끝에 투명하고 맑은 비취색의 'Made in Corea' 표 청자를 만들 수 있었다.

우리나라에서 청자가 처음 만들어진 것은 10세기 후반경이었다. 개경 주변에서 만들어졌다고 추정되는데, 이때의 청자는 질이 좋지 못하였다. 그러다가 문벌 귀족 세력이 전성기를 구가하는 11세기 후반에 접어들면서 점차 고려만의 특색을 지닌 비취색 청자가 만들어졌다.

한편 송의 서긍이 고려를 다녀갔던 12세기 전반기에는 기술력이 거의 완벽의 경지로 접어들며 다양한 문양을 가진 귀족적 취향의 상감청자까지 만들 수 있었다.

13세기에 만들어졌다고 추정되는 '청자상감 운학문 매병'을 보면, 상감청자의 걸작이 어떤 것인지를 절로 알게 된다.

듬직한 어깨선 위에 야물게 다문 작은 입, 매끄럽게 흘러내려 S라인 허리선을 형성했다가 다시 반전하며 청자의 무게를 지탱할 정도로만 터를 잡은 굽. 위태롭게 보이면서도 절제된 균형감을 오묘하게 갖추고 있다.

푸른 비취빛의 표면에는 검은색과 흰색의 이중 원을 42개나 반복적으로 그리고, 원 안에는 구름을 헤집고 비상하는 학을, 원 밖에는 쉴 곳을 찾아 내려가는 기품 있는 학을 간결하면

청자상감 운학문 매병(고려시대 13세기, 간송미술관 소장)

서도 깔끔하게 새겨 놓았다. 이런 문양은 단조로움을 피하면서도 전체적인 균형감을 느끼게 하며, 백학의 단아한 품성이 새털구름 사이에 그대로 녹아 있는 듯하다.

상감청자는 주로 전라남도 강진과 전라북도 부안 일대의 해안가에서 생산되었다. 이곳은 질 좋은 고령토가 도처에 있었고, 청자의 주 수요처였던 수도 개경과 몽고와 전쟁할 때 임시 수도였던 강화도로 청자를 배를 통해 쉽게 운반할 수 있었다. 따라서 청자의 생산지로는 적격이었다.

여기서 질문 하나!
이처럼 화려한 청자는 누가 사용했을까?
어느 정도 짐작은 하고 있겠지만, 일반 서민들에게 청자는 그림 속의 떡이었다. 주 수요층은 왕족과 문벌 귀족들이었다. 이들은 차 마실 때 사용하는 다구, 술병으로 주로 사용했던 매병과 같은 일상 용품 외에도 연적, 베개, 심지어는 지붕을 덮기 위한 기와마저도 청자로 만들 정도로 청자를 애호하였다.

수줍은 시골 아낙네, 분청사기

그러나 달도 차면 기우는 법이다. 고려청자 또한 끝이 있었다.

13세기 전반을 절정으로 품질이 점차 나빠지더니, 고려 말엽인 14세기 후반에는 청자 도요지가 있던 부안이나 강진이 해안 지방이었던 까닭에 왜구들의 잦은 침입을 받아 도공들이 뿔뿔이 흩어지며 더 이상 청자를 굽지 못했다.

한편 왜구들을 피해 내륙 깊숙이 들어간 도공들은 경기도, 충청도, 전라도, 경상도의 각 지역에 소규모의 가마를 만들어, 관의 간섭을 거의 받지 않고 어떤 조건에도 구애됨이 없이 자유롭게 자기를 만들기 시작했다. 이러한 가마에서 만들어지기 시작한 것이 바로 분청사기이다.

분청사기는 고려 말로 접어드는 14세기 중엽부터 만들어지기 시작하여 조선의 문물이 정비되는 15세기 전반에 다양한 기법이 개발되며 전성기를 맞이했다. 이 자기는 상감청자의 전통 위에서 만들어졌지만, 상감청자와 닮은꼴은 아니었다. 도공들의 의식구조와 수요층의 변화 속에 새롭게 만들어진 독특한 자기였다.

분청사기라는 명칭은 우리 미의 아름다움을 찾아 한평생을 보낸 미술사학자 고유섭 선생이 지은 이름이다. 1930년대에 일본인들은 분청사기를 '미시마(三島(삼도))'라 불렀다. 이를 달갑지 않게 생각한 고 선생은 표면을 분으로 단장한 회청색의 자기란 뜻에서 '분장회청사기'라고 이름 붙였고, 이를 줄여 '분청사기'라 했다. '자기(瓷器)'라고 하지 않고 '사기(沙器)'라고 한 이유는 자기를 만드는 흙인 자토(瓷土)는 사토(沙土), 즉 돌가루여서 사토나

자토는 같은 의미였기 때문이다.

그런데 왜 그릇의 표면에 흰색 분을 칠하게 되었을까?

피부가 좋은 여자는 화장을 하지 않거나 옅게 하는 데 반하여, 피부가 나쁜 여자는 화장을 짙게 해서 자신의 결점을 보완하려 한다. 분청사기 또한 마찬가지였다.

내륙의 여러 지역에 가마가 들어서고 대량으로 그릇을 굽다 보니 질이 떨어지는 흙이 사용되었다. 고려시대의 청자와 같은 때깔이 고운 그릇들을 생산할 수 없었다. 도공들은 머리를 굴렸다. 이때 생각해 낸 아이디어가 그릇 표면을 흰색 흙으로 덧칠하는 기술이었다. 이른바 분청사기의 탄생이었다.

분청사기는 고려청자와는 또 다른 맛을 지닌다. 청자가 화려하고 귀족적인 미의식을 가지고 있다면, 분청사기는 소박하고 서민적인 미감을 지니고 있다. 물론 그렇다고 서민들이 분청사기를 사용한 것은 아니었다. 어쩔 수 없는 조건 때문에 질은 청자에 비해 떨어졌지만 분청사기 또한 지배층들이 사용한 고

분청사기 조화 쌍어문 편병(조선시대 15세기, 호암미술관 소장)

급 제품이었다.

이러한 분청사기는 15세기 후반 광주관요[11] 설치 이후 쇠퇴하기 시작하여 16세기 중엽 이후에는 조선 선비들의 간결하면서도 담백한 미의식을 고스란히 담고 있는 백자에 밀려 점차 퇴장했다. 10세기 후반부터 만들어진 고려청자가 14세기 중엽부터 제작된 분청사기를 거쳐 16세기 중엽 이후로는 백자에 그 자리를 양보해 주었던 것이다.

11) **광주관요** 조선시대에 경기도 광주에 설치하였던 백자 중심의 관영(국가 운영) 도자기 제조소.

8 성리학과 함께 춤을

말 머리를 개경으로 돌려라

1388년 5월, 장맛비가 쏟아지던 날 이성계는 고민 끝에 개경으로 말 머리를 돌렸다.

우군[12] 도통사[13]로 임명되어 요동(라오둥) 정벌군을 이끌고 위화도[14]까지 진격했지만, 강을 건너 요동으로 들어가는 것이 별로 마음에 들지 않았다.

그가 생각하기에 요동 정벌은 네 가지 점에서 문제가 있었다.

12) **우군** 고려 말·조선 초에 군대는 3군(좌군, 우군, 중군) 체제였다.

13) **도통사** 고려 말기에 각 도의 군대를 통솔하는 일을 맡아 보던 무관 벼슬.

14) **위화도** 압록강 하류에 있는 섬으로 북한의 신의주시와 중국의 단둥시 사이에 있다.

> 첫째, 작은 나라가 큰 나라를 거스르는 것은 대의가 아니다.
> 둘째, 농번기에 군사를 동원하면 백성들에게 그 피해가 막심하다.
> 셋째, 전군을 동원하여 요동 원정을 떠나면, 남쪽 왜구가 쳐들어왔을 때 적절히 대처할 수 없다.
> 넷째, 정벌 시기가 장마철과 겹쳐 주력 무기인 활의 사용이 원활하지 못하고, 전염병이 번질 가능성이 크다.

이성계는 위화도에 도착한 후 평양에서 전쟁을 독려하고 있던 우왕과 총사령관 최영에게 다시 한 번 요동 정벌의 부당성을 이야기했다. 그러나 돌아온 대답은 압록강을 건너 빨리 요동으로 진격해서 명나라 군사들과 한판 싸움을 벌이라는 것이었다.

그는 결단을 내려야 했다. 진격이냐? 회군이냐? 계속 진격하면 큰 나라인 명과 사생결단을 내야 했고, 회군하면 쿠데타였다. 고민 끝에 그는 회군을 결심하고 자신과 함께 군사를 이끌고 왔던 좌군 도통사 조민수를 설득했다. 그러고는 말 머리를 돌려 고려 멸망 작전에 들어갔다. 위화도 회군이었다.

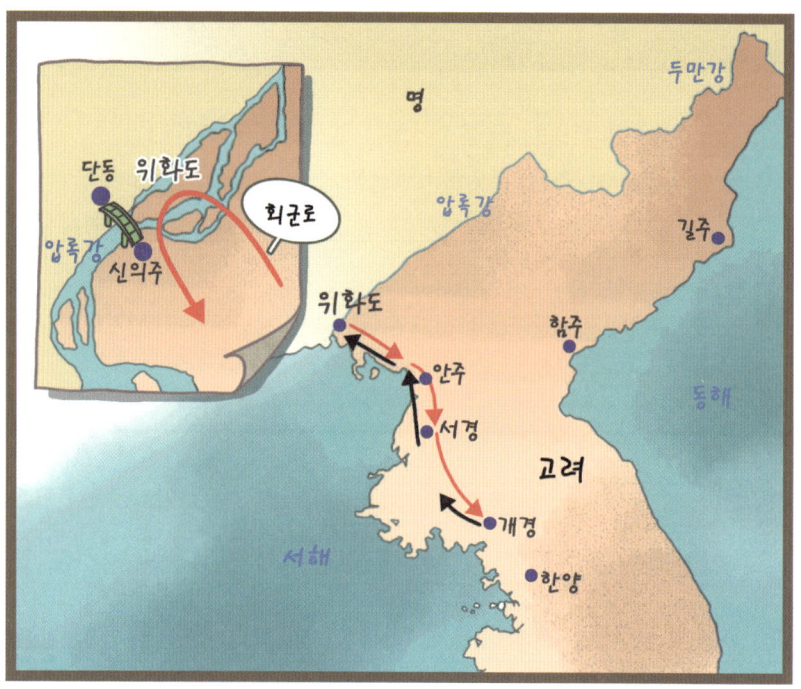

여기서 질문 하나!

요동 정벌군의 총책임자는 분명 최영이었다. 그런데 왜 정벌군을 이성계가 이끌었을까? 만약 최영이 진두지휘를 했다면 위화도 회군은 없지 않았을까?

맞는 말이다. 요동 정벌 자체가 최영의 강한 의지로 단행되었기에 최영이 직접 군대를 이끌었다면 위화도 회군은 없었을 것이다.

그런데 왜 최영은 정벌군을 이끌지 않았을까?

여기에는 피치 못할 사정이 있었다. 최영은 당시 고려의 왕인 우왕의 장인이었다. 요동 정벌을 주도한 최영은 자신이 직접 선봉에 서서 정벌군을 이끌려 했다. 하지만 아버지나 다름없던 최영과 떨어지는 것이 불안했던 우왕이 한사코 말렸다. 결국 최영은 수비대를 맡아 후방 기지인 평양에서 우왕을 보좌했고 정벌군의 실제 지휘는 이성계가 맡았다.

최영으로서는 자신이 직접 진두지휘를 하지 않은 것이 천추의 한이 되고 말았다. 그러나 후회한들 무엇하리요. 아무리 명장이라 할지라도 성난 파도와 같이 밀려오는 반란군을 막아낼 수는 없었다.

두 번째 질문이다. 최영은 왜 요동 정벌을 고집하였을까?

이 질문에 답을 하기 위해서는 먼저 동북아시아의 정세를 살펴보아야 한다.

14세기 후반 중국 대륙은 전환기를 맞고 있었다. 원나라가

15) **중원** 황하 유역을 중심으로 한 중국 본토의 핵심 지역.

16) **친원배명 정책** 원과 친하게 지내고 명을 멀리하는 정책.

힘을 상실하여 자기들의 고향인 몽골 고원 지대로 쫓겨 가고 한족이 세운 명나라가 중원15)을 통치하게 되었다. 그런데도 고려 조정은 여전히 친원파들이 권력을 쥐고 친원배명 정책16)을 추진하고 있었다.

그러던 차에 명이 철령위 설치 문제로 고려를 자극했다. 원나라가 설치했던 쌍성총관부(현재 함경남도 영흥 일대) 지역을 자기들이 가져가 철령위를 설치하겠다는 얘기였다. 이 지역은 본래 고려 땅이었으나 원이 고려를 속국으로 삼으면서 강제로 가져갔던 곳이다. 그런 곳을 공민왕이 반원 자주 개혁 정치를 펼치며 무력으로 되찾아 왔다. 그런데 이 땅을 다시 명나라가 자기들 영역으로 삼겠다는 말이었다. 고려의 입장에서는 명의 요구가 무례하기 짝이 없었다.

고려는 강하게 반발했다. 최영이 생각하기에 명의 철령위 설치 요구를 빌미 삼아 요동을 차지할 수만 있다면, 고려는 고구려에 버금가는 대제국으로 성장할 수 있을 것 같았다. 하지만 최영의 꿈은 이루어질 수 없었다. 이성계가 고려의 전군이나 다름없는 요동 정벌군을 데리고 회군했으니, 고양이한테 생선을 맡긴 꼴이 되고 말았다. 결국 우왕은 쫓겨나고 최영은 형장의 이슬로 사라졌다. 이제 고려는 이성계의 손안에서 놀아나게 되었다.

위화도 회군 이후 고려는 어떻게 되었을까?

이성계는 정권을 장악한 후 신진 사대부와 손을 잡고 개혁에 착수했다. 신진 사대부는 고려 후기에 수입된 신유학인 성리학을 공부한 자들로 친원파 세력의 정권 농단[17]에 지극히 부정적인 생각을 가지고 있었다. 그들은 공민왕 때 과거를 통해 중앙 정계에 진출하여 개혁을 시도하기도 하였으나 힘이 미약하여 실패하고 말았다. 이성계는 이런 사대부들과 손을 잡고 개혁에 착수했던 것이다.

당시 신진 사대부의 중심을 이루었던 사람은 정몽주와 정도전이었다. 둘은 서로 힘을 합하여 사회 개혁에 박차를 가하였다. 그러나 둘 사이에 개혁 방향에 대한 견해차가 발생하여 이내 갈라서고 말았다.

17) **농단** 이익이나 권리를 독차지함.

선죽교(북한 개성시 선죽동)

정몽주를 비롯한 다수의 사대부 세력은 고려 왕조 내의 점진적인 개혁을 추구했던 데 반하여, 정도전을 중심으로 한 소수의 혁명파 사대부는 고려 왕조는 썩을 대로 썩어서 더 이상 희망이 없으므로 새 왕조를 개창해야 한다고 주장하였다.

친구였던 정도전과 뜻을 달리한 정몽주는 고려 왕조를 지키기 위해 고군분투했다. 그러나 정몽주에게는 자신의 뜻을 지켜 줄 군사력이 전혀 없었다. 결국 힘이 미약하여 고려 왕조를 지키는 데 실패했고, 본인 또한 이성계의 다섯째 아들인 이방원이 보낸 자객에게 선죽교에서 살해당하고 말았다.

정도전이 이끈 혁명파 사대부는 비록 소수였지만, 이성계로 상징되는 군사력이 뒤를 봐주고 있었다. 정몽주가 죽은 이후 거칠 것이 없어진 이들은 결국 이성계를 왕으로 하는 새 왕조를 세웠다. 1392년 조선 왕조의 시작이었다.

역사 그루터기

최씨가 앉은 자리는 풀도 나지 않는다

"최씨가 앉은 자리에는 풀도 안 난다."라는 말이 있다.

최씨 성을 가진 사람들이 독하다는 걸 표현할 때 종종 쓰이는 이 말은 최씨들이 듣기엔 거북한 말일 수도 있다. 하지만 그 어원을 알면 오히려 조상에 대한 자부심이 새록새록 생겨날 것이다. 이 말이 등장한 배경에는 고려 말의 무장인 최영 장군의 아름다운 고집이 있다.

최영은 고려 우왕 때 명의 철령위 설치 요구에 반발하여 요동 정벌을 주도했다가 이성계 일파의 위화도 회군으로 꿈을 이루지 못하고 눈을 감아야 했다. 이성계는 실권을 잡은 후 최영을 합포에 유배시켰다가 개경으로 압송하여 결국 목을 베어 죽였다. 이때 그의 죄명은 '나라를 위해 세운 공은 크나 대국(명나라)에 죄를 졌으니 죽어야 마땅하다.'는 이해하기 힘든 것이었다.

최영은 억울한 죽음을 당하며 유언을 남겼다.

"내가 평생에 청렴하고 나라를 위했다면, 죽은 뒤에 내 무덤에 풀이 나지 않으리라."

그 후 정말 최영의 무덤에는 풀이 나지 않았다.
조선 중기인 16세기 전반 국가사업으로 편찬된 지리서인 『신증동국여지승람』에 "무덤 위에 지금까지 풀이 나지 않는다."라고 쓰여 있는 걸로 보아 최영의 무덤은 오랜 기간 풀이 나지 않은 흙무덤이었음을 알 수 있다. 지금은 후손들의 정성으로 푸른 잔디가 그의 묘소를 덮고 있지만 말이다.

최영 장군의 무덤은 경기도 고양시 덕양구 대자동 대자산 기슭에 자리하고 있다. 묘역에는 두 기의 묘가 위아래로 있는데, 위쪽은 아버지 최원직의 묘이고 아래쪽은 최영 장군과 부인의 합장묘이다.

정도전, 조선을 설계하다

우리는 흔히 조선의 건국자로 이성계를 얘기한다. 그러나 조선 개창의 이면을 자세히 살펴보면, 건국의 주역은 이성계라기보다 정도전임을 알 수 있다. 물론 조선의 초대 임금인 이성계의 리더십은 대단했다. 하지만 이성계에게 정도전이라는 걸출한 참모가 없었다면, 조선 개창이 가능했겠느냐는 의문이 들 정도로 정도전 또한 조선의 건국에 지대한 역할을 했다. 즉, 정도전은 이성계의 제갈공명이었던 셈이다.

이성계와 정도전의 첫 만남은 1383년에 이루어졌다. 당시 정도전은 반원친명 정책을 주장하다가 친원파의 거두 이인임의 눈 밖에 나는 통에 귀양을 갔다 겨우 풀려나 백수 생활을 하고 있었다. 이때 그의 절친 정몽주는 이성계 휘하에서 문관으로 근무하고 있었다.

정도전은 정몽주를 만나기 위해 함경도 함주에 있던 이성계의 부대로 찾아갔다. 이곳에서 이성계와 처음 만난 이후 그는 이성계의 열렬한 팬이 되었다. 이때부터 이성계의 핵심 브레인으로 활동하며 새 왕조 개창의 길을 닦아 나갔다.

정도전의 본격적인 활약은 위화도 회군 이후부터였다. 이성계가 회군을 통해 권력을 장악하자, 그는 우선 신진 사대부의 경제 기반을 마련하기 위하여 경제 분야에 능통한 조준과 함께 권문세족의 농장을 회수하여 과전법[18]을 만들었다. 또한 우왕이 왕씨의 혈통이 아닌 신돈의 자식이란 이유를 들어 왕좌에서 물러나게 한 후에 창왕과 공양왕을 잇달아 교체하며 결국에는 이성계를 왕으로 하는 새 왕조를 개창했다.

18) **과전법** 문란해진 토지 제도를 바로잡기 위하여 신진사대부들이 주도하여 만든 새 토지 제도. 조선 토지 제도의 기반이 되었다.

물론 고려를 멸망시키는 과정에서 후유증은 있었다. 함께 개혁에 나선 동지이자 절친한 친구였던 정몽주와 사이가 틀어져서 그를 죽여야 했으며, 정몽주를 따르던 온건파 사대부 다수와 완전히 등을 져야 했다. 하지만 그는 '새 술은 새 부대에'라는 신념으로 뒤돌아보지 않고 뚜벅뚜벅 새로운 길을 걸었다.

왕조 개창 이후에도 그의 발걸음은 멈추지 않았다. 한양 천도를 단행하며 궁궐과 종묘 자리를 직접 정하고 각 궁전 및 사대문의 이름도 손수 지었다. 숭례문, 숙정문, 흥인문, 돈의문 등이 그가 인의예지의 유교적 가치를 담아 이름 붙인 서울 성곽의 4대문이다. 이 밖에도 통치 조직을 확립하기 위하여 『조선경국전』 『경제문감』을 저술했다. 군사 기구의 책임자로서 군사 제도를 대폭 개혁하여 사병 집단을 없앴고, 병법에도 밝아 중국의 역대 병법을 조선의 현실에 맞게 수정하여 만든 『진법』에 따라 군사들을 조련하기도 했다.

정도전이 이름을 붙인 한양 성곽 4대문 중의 하나인 남대문 모습과 현판(숭례문)

그러나 이처럼 열성을 다해 새 왕조 번영에 앞장선 그도 풀지 못한 숙제가 있었다. 왕위 계승 문제가 그의 머리를 아프게 했다. 정도전이 생각하기에 새 나라는 왕과 신하가 서로 합심해서 나라를 이끌어 가는 게 좋을 것 같았다. 그런데 정도전만큼이나 새 왕조 개창에 앞장섰던 이성계의 다섯째 아들 이방원은 강력한 왕권을 원했다.

결국 정도전은 이방원이 일으킨 '왕자의 난' 때 왕자와 종친[19]들을 이간질시켰다는 누명을 쓰고 살해되었다. 조선이라는 새 나라를 설계한 자부심 가득한 개국 공신도 결국 왕이 되고자 했던 새로운 야심가 앞에서는 바람 앞의 촛불에 불과했던 것이다.

19) **종친** 왕실의 친척들.

이쯤 해서 질문을 하나 던지자. 정도전은 왜 형제보다 더 진한 우정을 나누었던 정몽주에게 등을 돌리면서까지 새 왕조를 개창하려고 했을까?

정도전은 고려 말의 현실에 절망했다. 홍건적과 왜구의 침입으로 국토는 황폐화되고 백성들은 도탄에 빠졌는데도 고려의

귀족들은 떵까떵까거리며 호화롭게 살았다. 이런 모순을 유배 생활과 방랑 생활 속에서 몸소 체험했던 그는 고려 내부의 점진적인 개혁으로는 민생을 안정시킬 수 없다고 보았다. 그래서 끝내 개혁 동지였던 정몽주와는 다른 길을 선택할 수밖에 없었다.

조선의 설계자, 정도전!

분명 조선은 그의 야심이 빚어낸 작품이었다. 하지만 그는

정도전 초상

이방원의 칼에 죽은 이후 조선 후기까지도 역적으로 몰린 비운의 개국 공신이었다. 반면에 이방원의 손에 먼저 살해당한 친구 정몽주는 방원이 임금 자리에 오른 후 복권되어 '만고의 충신'으로 되살아났다. 그야말로 인생 역전이었다.

나라가 세워질 때는 정도전처럼 도전적인 사람이 필요하지만, 나라가 안정기로 접어든 후에는 정몽주 같은 충신이 필요하다. 토끼 사냥이 끝나면 사냥개도 필요 없게 된다는 '토사구팽'이 떠오른다. 정도전은 고려라는 토끼를 잡을 때의 사냥개로는 적격이었지만, 정권의 안정되던 시기에는 불필요한 사냥개에 불과했던 것이다. 그에 반해 조선의 3대 임금(태종)이 된 이방원에게는 정몽주처럼 목숨을 바쳐서라도 주군을 지키려 하는 충신이 필요했다. 정몽주의 굳은 절개와 충성심은 관리와 백성들의 귀감으로 삼을 수 있는 좋은

정몽주 초상

교과서였던 것이다.

시대에 따라 역사만 변하는 것이 아니다. 시대에 따라 인심도 변하고 인물에 대한 평가도 변한다.

안타깝도다. 정도전이여!

조선이냐 화령이냐

우리 역사에서 마지막 왕조는 조선이다.

그러고 보면 우리 민족이 세운 왕조는 조선에서 시작하여 조선으로 끝났다.

생각해 보라.

단군이 세운 나라 이름이 뭐였지?

말 안 해도 바로 알 것이다.

그런데 이성계가 세운 조선은 국호를 누가, 어떻게 정했을까?

이성계 초상

부끄러운 이야기이지만 '조선'이란 국호는 우리 민족이 주체적으로 정한 것이 아니다. 명나라 황제가 선택해 준 이름이다.

이성계가 왕이 되고 난 후에 가장 시급했던 일은 대국인 명의 승인을 받는 것이었다.

성계는 왕위에 오르자마자 급히 명으로 사신을 보내 새 나라를 인정해 달라고 하면서 나라 이름도 바꾸겠다는 의사를 표시하였다. 그러나 명 황제는 새 나라의 개창을 탐탁지 않게 여겨 너희들이 사용할 이름이니 알아서 하라고 이야기했다.

성리학적 사고방식에 물들어 있어서 중국 본토에 있는 나라에 사대의 예를 갖춰야 한다는 의식을 가지고 있던 정도전을 비롯한 개국의 주체 세력들에게 명의 이러한 태도는 위기의식을 느낄 정도로 난감한 것이었다.

조선은 최대한 예를 갖추어 다시 사신을 파견하였다. 이에 명 태조는 못 이긴 척하고 새 나라 이름을 정해 오면 자신이 승인해 주겠다고 말했다.

명에서 국호 개정에 대해 OK 사인이 떨어지자, 이성계는 모든 관리들을 한자리에 모아 놓고 나라 이름으로 무엇이 좋을지에 대해 논의했다. 대신들은 우리가 국호를 정하여 결정하는 것은 예가 아니니, 이름 두 개를 정해서 명나라 황제에게 선택받자고 말했다.

이렇게 해서 나온 두 개의 국호가 '조선'과 '화령'이었다.

'조선'은 당연히 기자조선의 맥을 잇는다는 의미에서 정했을 것이다.

"아니! 단군조선이 아니고?"라며 의아해하는 사람도 있겠지만, 새로 집권한 세력의 성향으로 보았을 때 분명 기자조선에 대한 승계 의지에서 '조선'으로 정했을 것이다.

오직 성리학만을 외쳤던 정도전을 비롯한 집권 세력들은

조선 집권 세력의 뇌구조

성리학적 명분론에 입각하여 자식이 부모의 말을 거스르는 것이 불효인 것처럼 소국이 대국의 말을 듣지 않는 것은 하늘의 뜻에 어긋나는 행위라고 생각했다. 따라서 최대한 예를 갖추며 '중국의 작은집'을 자처했다. 그러니 국호 또한 중국에서 건너와 한반도에 나라를 세웠다는 기자조선의 맥을 잇겠다는 의미에서 '조선'으로 정했을 가능성이 높다.

단군조선을 계승하려는 뜻에서 '조선'이라는 국호를 선택했다면, 그건 분명 주체의식이 살아 있다는 것을 의미한다. 그러나 애석하게도 성리학적 사고방식으로 꽉 찬 당시 지배층에게는 바랄 수 없는 일이다. 이러한 추측은 정도전이 쓴 『조선경국전』의 내용을 보면 확신으로 바뀐다.

> 해동에 그 국호가 일정하지 않았다. 박·석·김 세 성씨가 신라라고 일컬었고, 온조는 백제라 했으며, 견훤은 후에 후백제라고 일컬었다. 또 고주몽은 국호를 고구려라 했으며, 궁예는 후고구려라 했고, 왕씨는 궁예를 대신하여 고려라는 국호를 사용했다. 이들은 모두 한 지역을 임의로 차지하여 중국의 명령을 받지 않고도 스스로 국호를 짓고 서로 침략하였으니, 국호는 있되 어떻게 나라라고 할 수 있겠는가? 다만 기자만은 주나라 무왕의 명령을 받아 조선왕에 봉해졌다.

정도전은 주나라 무왕이 조선의 왕으로 봉한 기자의 '조선'이란 국호를 다시 쓰게 된 것을 무한한 영광으로 생각하고 있었다. 주체성의 측면에서만 보자면 사대부들은 참으로 한심한 사람들이다.

그렇다면 '화령'은 어떤 의미를 담고 있을까?

화령은 이성계의 고향 이름이다. 원래 화주목이었는데, 공민왕시대에 화령부로 개칭되었다가 1393년에 영흥으로 변경되어 오늘에 이르고 있다. 따라서 새 나라의 국호가 '화령'으로 정해졌다면 그것은 순전히 이성계의 출생지였기 때문이다.

조선은 다시 명으로 사신을 보냈다. 명 황제는 두 이름 중 '조선'을 택하여 국호로 사용토록 했으니, 태조 이성계는 명 황제의 은총에 감사해하며 '조선'을 나라 이름으로 삼았다.

여기서 생각을 하나 해 보자. 지금 우리의 모습은 어떠한가? 분명 대한민국이란 국호는 우리 손으로 정했다. 그러나 우리의 주변을 살펴보면 여전히 사대주의로 꽉 차 있음을 알 수 있다. 실례로 "조선 놈은 맞아야 말을 듣는다." "일제가 최고여." "미국이나 일본 같은 선진국 따라잡으려면 아직 멀었어."

하는 말들을 스스럼없이 내뱉으며 우리 민족과 우리 문화를 비하한다.

국가는 망해도 민족은 영원하다고 한다. 하지만 민족에 대한 자부심이 사라진다면 민족 또한 없어지고 만다. 세계 역사가 그것을 증명한다. 우리 바로 위쪽에 진을 치고 있던 여진족, 거란족이 그러했으며, 중국 주변에 있던 흉노족·강족·갈족 등 다수의 민족이 중국 문화에 동화되어 소리 소문 없이 사라져 버렸다.

우리는 빛나는 문화유산을 보유한 백의민족이라고 스스로

경복궁 근정전

를 자랑하곤 한다. 하지만 21세기 세계화 시대에 민족의 정체성을 지켜 나가려면 우리 의식이 지금보다 좀 더 깨어 있어야 한다. 조선의 사대사상을 되새김질하면서 우리 민족의 정체성을 생각하고 지금 우리 현실을 냉철하게 비판해 본다면 의미 있는 역사 읽기가 될 것이다.

세종이 만든 기적, 한글

"10월 9일이 무슨 날이지?"라고 물으면, 많은 학생들이 꿀 먹은 벙어리가 되고 만다. 예전에야 달력에 빨간색으로 표시된 날이었기에 하루 쉰다는 기분에서 무슨 날인지 관심을 가졌지만, 요즘은 휴일도 아니고 기념행사만 치르니 우리 관심 속에서 완전히 사라져 버렸다.

그러나 대한민국 사람이라면 반드시 기억하고 축하해야 할 날이 10월 9일이다.

왜냐고? 지금 우리가 쓰고 있는 한글이 만들어진 날을 기넘하는 '한글날'이기 때문이다.

"한글을 누가 만들었지?"라고 물으면, 유치원에 다니는 꼬마 아이라도 바로 '세종대왕'이라고 답할 것이다.

한글은 분명 세종대왕이 성삼문과 신숙주 같은 집현전 학자들을 독려하여 만든 우리글이다. 하지만 한글의 본래 이름은 '한글'이 아니고 '훈민정음(訓民正音)'이다. 우리말로 풀어 쓰면 '백성을 가르치는 바른 소리'이다.

세종대왕 초상

자! 주의 집중! 질문 들어간다.

언제부터 '한글'이라 부르게 되었을까?

훈민정음이 만들어진 이후 우리글은 주로 지식인층에게 언문·반절·암클·아햇글로 불렸다. 언문은 '상것들이나 쓰는 글', 반절은 '반 토막 글', 암클은 '아녀자가 주로 쓰는 글', 아햇글은 '아이들이나 쓰는 글'이라는 뜻이니, 한글에 대한 비하가 얼마나 심했는지 충분히 짐작할 수 있다.

그러던 훈민정음이 우리글로 인식되기 시작한 것은 일제가 우리 민족을 침탈하면서부터였다. 민족의식이 성장하면서 우리글을 사용하자는 운동이 들불처럼 활활 타올라 이때부터 훈민정음을 '국문'이라고 했다. 그러다가 한글학자 주시경 선생이 1913년 「아이들 보이」라는 어린이 잡지에 '한글'이라는 이름을 처음 사용하면서 우리글은 '한글'로 정착되었다.

한글이 널리 퍼진 것은 조선어학회가 중심이 되어 훈민정음 반포 480주년이 되던 해인 1926년 음력 9월 29일을 '가갸날'로 지정하면서부터였다. 그 후 가갸날은 한글날로 고쳐져서 오늘에 이르고 있다.

한글이라는 말 자체의 뜻은 '한(韓)나라의 글' '큰 글' '세상에서 첫째가는 으뜸 글'이다.

훈민정음을 만들었을 때 사대사상에 물든 많은 지식인들은 대국인 명나라가 쓰는 글인 한자를 버리고 우리나라 단독으로 글을 만드는 것은 큰 잘못이라며 한글 창제에 부정적이었다. 특히 집현전의 부제학으로 있던 최만리는 언문 사용은 "대국인 중국을 버리고 스스로 오랑캐가 되려 하는 것"이라면서 장문의 상소를 올려 한글 창제를 비난하였다.

그러나 세종은 우리나라 사람들이 실제로 쓰는 말에 맞는 우리글을 만들면, 모든 백성들이 자기 의사를 쉽게 표현할 수 있겠다는 생각에서 한글을 만들어 널리 유포시켰다.

세종은 훈민정음의 머리글에서 한글을 만드는 것이 백성을 사랑하는 마음에서 이루어진 것임을 명확히 밝히고 있다.

우리나라 말이 중국과 달라 한자와는 서로 잘 통하지 아니한다. 이런 까닭으로 한자를 모르는 백성들이 말하고자 하는 바 있어도 마침내 제 뜻을 펴지 못한다. 내가 이것을 가엽게 여겨 새로 스물여덟 글자를 만드니, 모든 사람들로 하여금 쉬이 익혀서 날마다 쓰는 데 편하게 하고자 할 따름이니라.

세종의 말을 좀 더 이해하기 쉽게 풀이해 보면 다음과 같다.

우리나라에는 우리말이 있으니, 이 말을 적어 내기에 알맞은 글자가 있어야 한다. 그러나 한자는 우리말과 서로 통하지 않을 뿐만 아니라 어렵기 짝이 없으니, 우리 민족에게는 이중으로 부담이 되어 백성들이 다 배울 수가 없다. 실제로 일반 백성은 한자를 알지 못하기 때문에 제 뜻을 나타내고 싶어도 나타낼 수가 없다. 이제 백성들이 쉽게 배우고 익힐 수 있는 우리글을 만들었으니, 모든 백성이 빨리 익혀서 자기 뜻을 나타내도록 해라.

그야말로 백성을 사랑하는 세종의 마음이 글자 사이사이에

훈민정음 반포도

석류 알처럼 박혀 있는 명문장이다.

한글은 우리가 생각하는 것보다 훨씬 과학적으로 만들어진 글자이다. 이렇게 말하면 "콩 선생! 우리글이라고 너무 그러지 마슈." 하는 사람도 있겠지만 진짜다.

한글을 만든 원리는 현대 언어학 또는 문자학적 측면에서 보았을 때 상상하기 어려울 정도로 과학적이다.

기본 모음인 'ㆍ, ㅡ, ㅣ'는 음양설의 삼재 사상(천, 지, 인)을 바탕으로 만들었다. 즉, 하늘은 'ㆍ', 땅은 'ㅡ', 사람은 'ㅣ'로 표현하였다.

나머지 모음인 여덟 글자 'ㅏ, ㅑ, ㅓ, ㅕ, ㅗ, ㅛ, ㅜ, ㅠ'는 기본 모음 세 개를 결합하여 만들었다. 예를 들어 'ㅏ'는 'ㅣ+ㆍ'의 결합이고, 'ㅗ'는 'ㆍ+ㅡ'의 결합이다.

여기서 주목되는 것은 기본 글자를 먼저 만들고 그것을 조합하여 다른 글자를 생성하는 방법이다. 이것은 현대 과학 또는 수학의 생성 원리와 일치한다.

자음 또한 과학적 원리에 따라 만들었다. 발성 기관의 소리 나는 모습을 본떠 기본 자음인 'ㄱ, ㄴ, ㅁ, ㅅ, ㅇ'을 만들고 여기에 획을 더하거나 변형을 가하여 다른 자음 글자들을 만들었다.

이와 같이 모음과 자음의 기본 글자를 바탕으로 해서 다른 여러 글자를 만들고 또 그런 글자들을 합해서 숱한 음절을 만들어 내는 글자가 우리 한글이다. 이러한 원리로 글자를 만든 나라는 세계에서 우리가 유일하다.

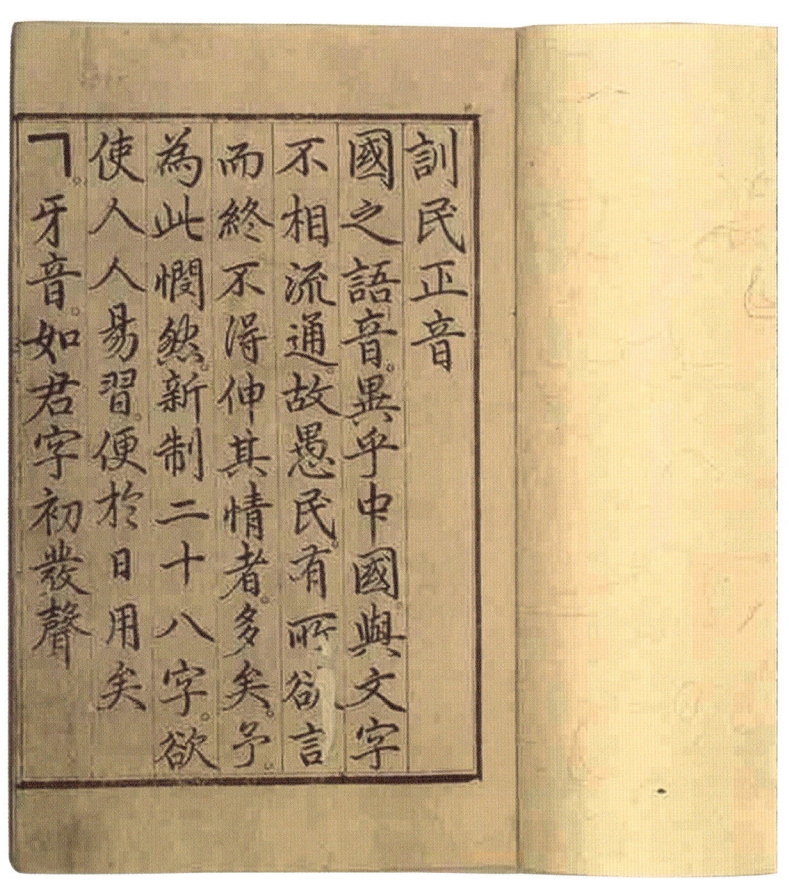

훈민정음 원본(국보 제70호, 간송미술관 소장)

장콩 선생만 주장하는 것이 아니다. 세계 유수의 언어학자들이 인정하는 것이니 믿어라.

저명한 언어학자인 영국의 샘슨(G. Sampson) 교수는 한글의 전무후무한 과학성에 대하여 이렇게 이야기한다.

한글이 과학적으로 볼 때 세계에서 가장 훌륭한 글자라는 것은 의심의 여지가 없습니다. 한글은 일정한 원리에 따라 만들어진 문자라는 점에서 세계에 그 유례가 없습니다. 무엇보다도 한글은 발성 기관의 소리 나는 모습을 따라 체계적으로 창제된 과학적인 문자일 뿐 아니라, 더 나아가 문자 자체가 소리의 특질을 반영하고 있습니다. 이를테면, 영어의 T와 N이라는 글자는 소리를 갖고 있지만 발성 기관의 모습과는 아무런 관련이 없습니다. 그러나 영어의 N에 해당되는 한글의 ㄴ은 혀가 잇몸에 닿는 모습을 본떠 만들었고, T에 해당하는 ㄷ은 ㄴ에 한 획을 더하여 같은 자리에서 소리 나는 것을 나타내고 있습니다. 한글의 각 글자는 이런 방식으로 발성 기관의 모양을 따서 만들었습니다.

이외에도 많은 학자들이 한글의 과학성에 대해서 찬사를 보내고 있다.

그런데 안타깝게도 이처럼 소중한 한글이 현대에 들어와서 수난을 당하고 있다. 국적 불명의 인터넷 언어와 외국어의 남발로 한글이 제대로 대접받지 못하고 있는 것이다.

이 글을 쓰고 있는 콩 선생 또한 이 부분에 대해서는 변명의 여지가 없다. 걸핏하면 이해하기 쉽게 글을 쓴다는 명분으로 사투리와 콩글리시를 남발하고 있으니까 말이다.

그러나 콩 선생을 비롯하여 우리글을 모독하는 사람들이 잊어서는 안 될 것이 있다. 우리글 '한글'이 있었기에 기나긴 일제 치하의 고통 속에서도 민족정기를 간직할 수 있었고, 남과 북으로 갈라진 지금도 한 언어를 쓰는 한 민족이기에 통일을 꿈꿀 수 있다는 것을.

민족 통일을 이루는 데 한글은 꼭 필요한 도구이기에 지금보다 더 한글을 사랑해야 할 것이다. 한글을 사랑하면 통일도 빨라진다.

 **역사 그루터기**

한글학자 주시경 선생의
우리말 사랑

우리말을 너무나 사랑하여 호(號)마저도 한글로 쓰는 분들이 간혹 있다. 그분들 중 대표적인 사람이 바로 우리말과 글을 체계화한 '겨레의 국어 선생님' 주시경 선생이시다. 선생의 호는 한힌샘이다. '한'은 '크다'이고 '힌'은 '하얗다'를 의미하니, 풀이하면 '크고 깨끗한 샘'을 호로 쓰신 것이다.

선생은 황해도 평산의 가난한 선비 집안에서 6남매 중 둘째 아들로 태어나 12세 때 큰아버지의 양자가 되어 서울에서 성장했다. 서당에 나가 글을 배우게 되었는데 훈장님의 학문이 얕아서 더 훌륭한 선생님에게 가르침을 받고 싶었다. 그러던 차에 마침 가까운 곳에 이회종이라는 진사가 가르치는 이름난 글방이 있다는 것을 알았다. 선생은 글공부를 하고 귀가할 때마다 이 진사가 가르치는 글방 앞에서 얼쩡거렸다. 며칠을 집 앞에서 서성대자 이를 이상하게 여긴 이 진사가 선생에게 직접 물었다.

 **역사 그루터기**

"어이하여 우리 집을 기웃거리느냐?"
"글을 배우고 싶어서 그럽니다."

선생은 주눅 들지 않고 당당하게 이 진사에게 말했다.
그는 선생의 영특함을 금방 알아차리고 자기 밑에서 공부할 것을 허락했고, 이때부터 선생은 17세까지 이 진사 밑에서 한학을 공부하였다. 그런데 이 진사가 한문의 뜻을 풀이하기 위해 반드시 우리말로 옮기는 것을 보고, 선생은 '글은 말을 적으면 그만인데…….' 하는 생각을 품게 되었다. 그래서 어려운 한문만 배우려고 애쓸 게 아니라, 쉬운 우리글을 더 잘 쓰도록 갈고닦아야겠다는 생각으로 신학문 배우기를 결심하였다. 이때가 1894년으로, 선생은 18세 나이에 머리를 짧게 깎고 배재학당에 입학했다.

배재학당에서 신학문을 열심히 공부한 주시경 선생은 1896년 「독립신문」이 창간되자, 편집인이 되어 「독립신문」을 우리나라 최초로 한글 전용, 한글 띄어쓰기, 쉬운 말 쓰기의 방법으로 제작하는 데 크게 기여했다. 또한 여러 강습소에서 한글을 가르치며 우리말 보급에 앞장섰다. 강습소에 한글을 가르치러 갈 때는 늘 강의할 교재를 등사해 큼직한 보따리에 싸 들고 다녀서 학생들은 선생을 '주 보따리'라고 불렀다 한다.

1905년 우리나라는 을사늑약으로 일제에 외교권을 빼앗겼다. 선생은 나라가 일제의 식민지로 전락하기 전에 국어문법을 확립하여 보급해야겠다는 생각으로 국문 연구에 박차를 가해『대한국어문법』(1906),『국어문전음학』(1908),『국어문법』(1910)을 차례로 펴냈다. 일제에 나라가 망한 이후에는 우리 고전을 발간했던 조선광문회에 들어가 국어 관련 고전을 교정하여 간행했고, 우리나라 최초의 국어사전『말모이』의 편찬을 담당했다. 1914년에는『말의 소리』를 저술하여 국어음운학의 과학적 기초를 확립하기도 했다. 그러나 이해에 독립 운동을 하는 동지들이 체포되자, 해외로 망명을 떠날 준비를 하던 차에 갑자기 죽고 말았다. 39세라는 아까운 나이였다.

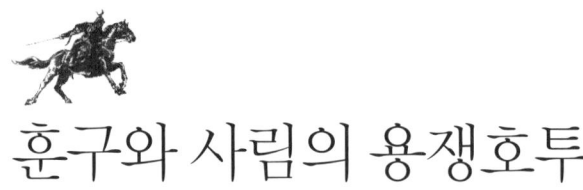

훈구와 사림의 용쟁호투

16세기 전반은 훈구와 사림의 대결 속에 정국이 소용돌이쳤던 시기였다.

훈구는 고려 말기에 대두된 혁명파 사대부의 후예들로 조선 개창 이후 나라를 이끌었던 집권 세력이다. 반면에 사림은 온건파 사대부의 후예들로 관직을 버리고 향촌에 숨어들어 학문 연마에 주력했던 사람들이다. 두 세력은 한마디로 말해서 개와 원숭이 사이, 즉 견원지간이었다.

훈구와 사림은 고려 후기에 대두된 신진 사대부에 뿌리를 두고 있다. 따라서 알고 보면 조상이 같은 혈연지간이라고 할 수 있다. 사정이 그런데도 그들은 왜 서로를 못 잡아먹어 안달이 났을까?

두 세력이 서로를 배척하게 된 것은 새 왕조 개창에 대한 입장 차이 때문이었다. 정도전 중심의 혁명파 사대부가 주도하여 새 왕조를 건국할 때, 길재·원천석 같은 온건파 사대부들은 "한 신하가 두 임금을 섬길 수 없다."라는 명분을 고수하며 낙향한 뒤 학문 연구와 제자 양성에 전념하면서 중앙과는 담을 쌓고 살았다. 그들의 후예가 나중에 '사림'이란 이름을 얻었으니, 혁명파 사대부의 후예들로 구성된 훈구파와는 필연적으로 대립할 수밖에 없었다.

이 두 세력이 훈구와 사림이라고 불린 이유는 뭘까? 이것 역시 무척 궁금하다.

'훈구(勳舊)'는 국가에 공이 많고 벼슬을 오래하여 높은 관직에 오른 이들을 말한다. 그러나 조선의 역사에 등장하는 '훈구파'는 주로 세조의 왕위 찬탈에 앞장선 대가로 공신이 된 자들을 일컫는다. 이들은 높은 관직을 차지하고 막대한 토지와 노비를 소유하는 등 정치·경제적으로 특권을 누리면서 부와 권력을 대물림했다.

특히 15세기 후반 지주·전호(소작농) 제도가 일반화되는 현실에서 토지를 불법적으로 확대하였고 권력의 뒤편에서 각종 비리를 저지르면서 노골적으로 부를 축적해 갔다. 상황이 이러하니, 훈구들로 인한 피해는 향촌 구석구석까지 미치어 농민들이 토지를 잃고 유랑민이 되거나 도둑이 되는 경우가 부지기수였다.

훈구파의 전횡을 단적으로 보여 주는 사례가 서울에 있다.

세조의 제갈공명이었던 훈구파의 거두 한명회[20]가 경치가 좋은 한강변에 정자를 세우고 이름을 압구정(狎鷗亭)이라 했다. '갈매기와 친하게 지내는 정자'라는 뜻이니, 정자 이름으로는

20) **한명회** 조선 세조 때의 문신. 수양대군(세조)이 조카인 단종을 쫓아내고 왕이 되는 데 크게 공헌한 이후 중앙 정계에서 실력자로 군림했다.

적격이다.

정자가 얼마나 운치 있고 경관이 좋았던지 중국에까지 소문이 자자하여 중국 사신들이 조선에 오면 압구정에 올라 술 한 잔하며 시를 짓는 것이 소원이었다고 한다. 한명회는 이 정자를 정거장으로 삼아 자신의 권력을 다져 나갔으며, 수단과 방법을 가리지 않고 재산을 늘렸다.

한명회의 독단과 횡포가 하도 심하여 선비들은 압구정의 압자를 '친할 압(狎)' 자가 아닌 '누를 압(押)' 자로 바꿔 불렀으며, 정자와 연관된 풍자시도 수십 편이나 탄생했다. 또한 시중에는

현재의 압구정 모습.

"압구정이 생긴 이후로 갈매기 한 마리도 그 근처에서 날아다니지 않았다."라는 풍문이 떠돌 정도였다.

현재 압구정동은 서울에서도 알아주는 패션가인 '로데오 거리'가 형성되어 있는 곳이다. 예나 지금이나 그 동네가 놀기는 좋은 장소인가 보다.

한명회 한 사람만 이랬다면 별 문제가 없었을 것이다. 그러나 권력의 상층부에 있던 훈구들이 전부 이 모양 이 꼴이었으니, 백성들의 삶은 고난 그 자체였다. '임꺽정의 난'과 같은 농민의 난이 훈구 세력 집권기에 빈번히 일어난 것도 당시 민심이 어떠했는지를 알려 주는 예라 하겠다.

훈구의 부패가 도를 넘고 있을 때, 그들의 잘못을 공격하면서 중앙 정계에 모습을 드러낸 정의로운 사나이들이 있었으니, 이들이 바로 '사림(士林)'이다. 사림은 '숲 속의 선비'라는 뜻풀이에서 알 수 있듯이, 중앙 관직에 진출하지 않고 향촌에서 학문을 연마하며 살아가던 '재야 지식인' 층으로 대부분 중소지주들이었다.

이들은 길재[21]의 학풍을 이어받은 세력으로 도덕과 의리를 숭상하고 왕도 정치[22]를 강조했던 강직한 집단으로 중앙 정계 진출은 15세기 말 성종 때였다. 성종은 비대해져 가는 훈구파를 견제하기 위하여 향촌에서 덕망을 얻고 있던 사림의 거두 김종직을 발탁했다. 이후 김종직의 제자들을 중심으로 사림들이 하나둘 중앙 정계로 진출하기 시작했다.

중앙에서 사림들은 사헌부[23]나 사간원[24] 같은 언론 기관이나, 홍문관[25]·춘추관[26]과 같은 학술 기관에서 근무하며 훈구들의 부정부패를 집중적으로 견제했다.

사림들의 파상공세에 훈구파는 처음에는 허둥대기만 했을 뿐 제대로 대응하지 못했다. 그러나 점차 전열을 가다듬고 반격의 기회를 노렸다.

드디어 훈구파가 기회를 포착했다. 연산군 4년인 1498년이었다. 사림파 출신의 사관이었던 김일손이 『성종실록』을 편찬

21) **길재** 고려 말·조선 초기의 성리학자. 조선 개창 이후 정부에서 벼슬을 내리자 "한 신하가 두 임금을 섬길 수 없다."면서 거절했다. 향촌에서 제자를 양성하며 사림파 형성에 큰 기여를 했다.

22) **왕도 정치** 맹자가 체계화한 정치사상. 임금은 신하들과 함께 힘써 백성을 인과 덕으로 다스려야 한다는 사상. 반대편에 패도 정치가 있다.

23) **사헌부** 조선시대 감찰 담당 기구.

24) **사간원** 조선시대 간쟁(왕이 옳지 못한 일을 할 때 바르게 처신할 수 있도록 조언해 줌) 담당 기구.

25) **홍문관** 조선시대 학술 연구소.

26) **춘추관** 조선시대 역사 편찬 기구.

하면서 스승인 김종직이 지은 「조의제문」을 실록 안에 넣으려고 했다. 그런데 「조의제문」은 표면적으로는 항우에게 죽임을 당한 초나라 의제를 위로한 글이었지만, 실제로는 세조의 왕위 찬탈을 은근히 비난한 글이었다.

『성종실록』 안에 「조의제문」이 실려 있음을 눈치 챈 훈구파들이 벌떼처럼 들고일어났다. 연산군에게 "의제는 단종이요, 항우는 세조를 말함이니, 이는 곧 세조의 왕위 찬탈을 비난한 것"이라면서 관련자들을 처벌해야 한다고 주장했다.

세조가 누구인가? 연산군의 증조부이다. 대노한 연산군은 사건에 직접 개입된 김일손 등을 잡아 죽이고 이와 같은 죄악은 김종직이 선동한 것이라 하여, 이미 죽은 김종직의 무덤을 파헤쳐 시신의 목을 베었다. 이것이 사림파 관료 20여 명이 한꺼번에 희생을 당한 '무오사화'였다.

사화는 사초(史草)[27]로 인해 발생했다고 하여 '역사 사(史)'에

---

27) 사초 역사 서술을 담당했던 관리인 사관이 평소에 작성해 놓은 역사 자료들.

'재앙 화(禍)'를 써서 '史禍'라 하며, 또 선비들이 화를 입은 사건이어서 '선비 사(士)'에 '재앙 화(禍)'를 써서 '士禍'라 칭하기도 한다.

15세기 말에서 16세기 중반 사이에 크게 4번 사화가 있었다. 무오사화(1498)를 시작으로 갑자사화(1504), 기묘사화(1519), 을사사화(1545)가 바로 그것이다.

사화가 한번 발생하면, 정계는 혼돈의 구렁텅이로 빠져들며 피바람이 불었다. 그 와중에 훈구파의 일부도 피해를 입었지만, 대체적으로 사림들이 크게 화를 당했다.

결국 사림들은 연이은 사화 속에서 막대한 손실을 입고 향촌으로 낙향해야 했다. 하지만 이들이 영원히 향촌에서 살았던 것은 아니었다. 향촌에 재정착한 사림들은 자신들의 이상을 실현하기 위하여 서원과 향약을 보급해 갔다. 그러면서 이 두 기구를 발판으로 향촌 사회를 장악하더니, 16세기 후반 선조 때에는 마침내 중앙 정계까지 자신들의 텃밭으로 만들어 버렸다. 훈구들에게 수없이 얻어터지면서도 끈질기게 달라붙어 결국에는 그들을 몰아내고 권력을 거머쥔 것이다.

그러나 사림들도 중앙 정계를 장악한 뒤에는 훈구와 비슷한 길을 걸었다. 자기들의 이상인 '도덕 정치의 현실화'는 뒷전에 놔두고 끼리끼리 당을 만들어 정권 쟁탈전에만 골몰했다. '붕당정치'의 시작이었다.

16세기 전반까지 네 차례에 걸쳐 발생한 사화가 사림이 훈구에게 일방적으로 KO패 당한 훈구 대 사림의 격투기였다면, 16세기 후반 이후에 대두된 붕당정치는 사림 내부의 갈등 속에서 펼쳐진 '사림, 그들만의 전쟁'이었다.

역사 그루터기

4대 사화 슬쩍 엿보기

무오사화(연산군 4년, 1498)

사림의 중앙 정계 진출 이후 수세에 몰린 훈구파가 마침내 기회를 포착했다.

『성종실록』 편찬을 담당했던 사관 김일손(사림파)이 실록에 자신의 스승인 김종직의 「조의제문」을 실었다. 이 글은 항우에게 죽임을 당한 초나라 의제를 위로한 글로 세조의 왕위 찬탈이 잘못되었음을 은연중에 비난한 것이었다.

『성종실록』에 「조의제문」이 실려 있는 것을 발견한 훈구파의 거두 유자광은 연산군에게 "의제는 단종이요, 항우는 세조를 말함이니, 이는 곧 세조의 왕위 찬탈을 비난한 것이다. 이러한 일은 사림들이 왕통을 무시하고 있음을 아주 잘 보여 준다. 이들을 죽여야 한다."라고 주장했다. 연산군은 훈구들 말에 따라 이미 죽은 김종직을 부관참시하고 사림파 관료들 20여 명을 죽이거나 유배시켰다.

역사 그루터기

갑자사화(연산군 10년, 1504)

연산군의 생모 윤씨는 성종의 정식 부인이었다. 그녀는 시기와 질투가 심하다는 이유로 폐비되었다가 친정집에서 사약을 받고 죽었다. 연산군은 임금이 된 이후에도 어머니가 병사했다고 생각했다. 그런데 당시 임금의 총애를 받고 있었던 임사홍이 자기 세력을 확대하고 비판 세력을 탄압하기 위해 윤씨 사건의 진실을 임금에게 몰래 발설해 버렸다. 연산군은 어머니를 죽이는 데 찬성하였던 관리들을 모조리 죽여 버렸다. 이 사건으로 훈구파도 피해를 입었으나, 사림들도 연루된 자가 적지 않아 큰 타격을 입었다.

기묘사화(중종 14년, 1519)

폭정을 일삼던 연산군이 1506년 중종반정으로 폐위되었다. 새로 임금이 된 중종은 29세의 신진 사류(사림)였던 조광조를 전격적으로 발탁하여 개혁 정치를 추진해 나갔다.

유교적 도덕 국가의 건설을 정치 목표로 삼고 있던 조광조는 중종의 신임 속에 개혁을 적극적으로 추진했다. 그러나 그의 개혁은 너무나 급진적이어서 훈구파의 반발을 크게 샀고 왕도 점차 염증을 느꼈다. 조광조 제거에 혈안이 되어 있던 남곤, 심정, 홍경주와 같은 훈구 대신들은 궁궐의 나뭇잎에 '주초위왕(走肖爲王)'이란 글자를 꿀물로 써서 벌레들이 갉아먹게 한 다음, 이를 이용하여 마치 조광조가 왕위 찬탈 음모를 꾀하는 것처럼 꾸몄다. '주(走)'와 '초(肖)'를 합하면 '조(趙)'가 되니, 주초위왕은 "조씨가 왕이 된다."라는 뜻이며, 당시에 조씨 중에서 왕이 될 만한 인물은 조광조밖에 없었던 것이다.

결국 이러한 모함 속에 조광조와 김식을 비롯한 70여 명의 사림파 관리들은 반역죄를 뒤집어쓰고 사형되거나 유배를 떠나야 했다.

을사사화(명종 원년, 1545)
중종을 이어 왕이 된 인종은 사림 세력들을 어느 정도 지지했으나 불행히도 왕위에 오른 지 1년이 채 못 되어 죽었고 명종이 새로 즉위했다. 당시 정국은 인종의 외척 대윤파, 윤임 주도 과 명종의 외척 소윤파, 윤원형 주도 으로 갈라져 주도권 다툼을 벌이고 있었는데, 명종 즉위를 계기로 소윤파가 집권, 결국 대윤 세력을 축출하게 되었고 이때 사림파 다수가 피해를 입었다.

조선시대에도 이혼이 있었다

통계청이 발표한 '2009년 혼인·이혼 통계결과'에 따르면 2009년도에 결혼한 사람은 31만 쌍이고, 이혼한 부부는 12만 4,000쌍이었다. 결혼은 전년에 비해 1만 8,000건이 감소하여 1970년 통계 작성 이후 40년 만에 가장 낮은 수치를 기록하였다. 이혼은 전년보다 7,500건 증가하여 2003년 최고치를 기록한 뒤 감소하던 수치가 6년 만에 다시 증가세로 돌아선 것으로 나타났다.

2002년 UN연보에 따르면 우리나라의 이혼율이 OECD 국가 중 3위를 차지했다고 하니, 서구 사회와 단순 비교할 수는 없다 해도 우려할 만한 수준에 이르렀음을 감지할 수 있다.

전문가들은 2000년대에 들어와 우리나라에서 이혼이 많아지고 있는 가장 큰 이유로 여성들의 경제적 자립을 꼽고 있다. 예전 같으면 이혼하고 혼자 살 자신이 없어서 꾹 참고 살아야 했던 한국의 여성들이 이제는 여러 가지 제도적 장치가 마련되고 사회적 지위가 높아지면서 자신감을 갖고 과감히 새로운 세상을 개척한다는 것이다.

이혼율이 높아지는 것은 콩 선생도 매우 걱정스럽지만, 여성의 지위 향상은 두 손 높이 들어 환영한다. 세상의 절반이 여성인데 남녀가 차별받을 이유가 전혀 없다.

이쯤 해서 궁금증 하나를 풀어 보자.

조선시대에도 이혼이 있었을까?

물론 있었다.

우리는 지금도 여자가 남자를 얕잡아 보며 말을 하면, 농담

반 진담 반으로 '칠거지악(七去之惡)'을 운운하며 여성의 기를 죽인다. 칠거지악이란 '아내가 저지른 7가지 죄악'을 말한다.

> 첫째, 시부모를 잘 모시지 못한 죄
> 둘째, 대를 이을 아들을 못 낳은 죄
> 셋째, 음란하여 낳은 자식에 대한 혈통의 순수성을 보장할 수 없는 죄
> 넷째, 질투가 심하여 첩을 들일 수 없는 죄
> 다섯째, 몸에 나쁜 병이 있어 아들을 잉태할 수 없는 죄
> 여섯째, 말이 많아 형제자매를 이간질한 죄
> 일곱째, 도둑질을 한 죄

이상 일곱 가지 죄에 해당하는 경우에는 남편이 아내를 쫓아내도 무방했다. 즉, 이혼이 가능했다는 얘기다.

그런데 '칠거지악'을 곰곰이 살펴보면, 이 제도는 철저히 남자 위주의 규약임을 알 수 있다. 세상에 어느 여자가 이 규약에서 하나라도 어긋나지 않고 한평생을 살 수 있을 것인가? 아무리 현모양처라도 불가능할 것이다.

만약 처와 헤어지고 싶은 남자가 있다면, 그는 철거지악을 내세워 자기 부인의 사소한 약점을 과장하여 여자가 말이 많다거나 질투가 심하다고 탓하며 이혼을 하려 들 것이다. 따라서 남성의 권익을 존중해 칠거지악을 액면 그대로 실행했다면, 조선 사회는 우리가 살고 있는 현대 사회보다 이혼율이 훨씬 높았을 것이다.

어떻게 생각하는가?
조선과 현대 중 어느 사회가 이혼율이 높았을까?
조선이라고?
No! No!!. 절대 아니다.
조선시대의 이혼율은 지극히 미미했다.

이유가 뭐냐고?
가족 윤리를 중시하는 조선 사회에서 이혼의 난립은 사회 유지에 치명타가 될 수 있었다. 따라서 칠거지악이 있는 대신에 '삼불거(三不去)'를 두어 최소한이나마 여성의 권익을 보장해 주었다. 삼불거는 처가 칠거지악을 저질러도 쫓아내서는 안 되는 세 가지 예외 경우를 말한다.

첫째, 처가 쫓겨나면 돌아갈 곳이 없을 때
둘째, 부모의 삼년상을 같이 치렀을 때
셋째, 가난할 때 시집와서 함께 재산을 일궈 잘살게 되었을 때

이 경우에는 아내가 칠거지악을 범했어도 내쫓을 수 없었다. 따라서 조선시대에는 칠거지악에 해당하더라도 부부간 이혼은 쉽게 이루어질 수 없었다.

나라에서도 이혼을 최대한 억제하였다. 조선을 이끌었던 유교 윤리는 일차적으로 가족 질서에 기반을 둔 것이었으므로 가족의 핵심인 부부 관계가 정상적으로 유지되어야 사회 혼란이 발생하지 않았다. 이러한 이유로 불효나 간음과 같은 성리학적 기본 질서를 어지럽히는 죄가 아니라면 이혼은 쉽게 허락되지 않았다.

유교 윤리의 기본은 가정

특히 양반가에서의 이혼은 거의 이루어지지 않았다. 그 이유는 정절 이데올로기 때문이었다. 남편이 죽은 뒤에도 정절을 지켜야 했기 때문에 재혼이 금지될 수밖에 없었고, 재혼을 할 수 없는 사회에서 이혼녀가 양산된다는 것은 크나큰 사회문제가 될 수 있었다. 그래서 칠거지악을 범하더라도 음란과 시부모에 대한 불효 이외에는 거의 이혼 사유가 되지 못하였다. 관리의 경우는 더더욱 이혼이 불가능했다.

물론 이혼이 불가능하다고 해서 여성의 권리가 살아 있는 것은 아니었다. 이혼하지 않는다 해도 본처가 맘에 들지 않으면 남편은 첩을 들여 알콩달콩 살면서 본처의 애간장을 녹였다. 그래서 오히려 여자 입장에서 보면 이혼한 것보다 못한 측면이 많았다.

우리 민요 중에 〈진주낭군〉이란 노래가 있다. 이 노래를 들으면 당시 여인네의 삶이 얼마나 애잔했는지 잘 알 수 있다.

울도 담도 없는 집에 시집 삼 년을 살았더니
시어머니 하시는 말씀 아가 아가 며늘아가 진주남강에 빨래 가라

진주남강에 빨래를 가니 돌도 좋고 물도 좋네

또두락 똑딱 빨래를 할 때 흰 빨래는 희게 빨고 검은 빨래는 검게 빨아

시어머니 하시는 말씀 아가 아가 며늘아가 진주남강에 빨래 가라

진주남강에 빨래를 가니 돌도 좋구나 물도 좋네

또두락 또두락 빨래를 할 때 남대문 안에 자욱 소리

옆눈으로 흘겨를 보니 구름 같은 말을 타고

우산 같은 갓을 쓰고 못 본 듯이 지나간다

흰 빨래는 희게 빨고 검은 빨래는 검게 빨아

제 집으로 돌아오니 시어머니가 하시는 말씀

아가 아가 며늘아가 어서 방에를 들어가라 진주낭군이 오셨단다

진주방아를 들어가니 하얀 첩을 옆에 끼고 진주가만 부른다네

아이구나 답답 설움가라 이 일을 장차 어이하노

초당으로 돌아와서 아흔아홉에 약을 놓고

명주 수건 세 치 닷 푼 목을 매어서 죽었다네

하루의 첩은 석 달이요 본대 첩은 백년인가

어화둥둥 내 사랑아

충북 중원 지방에서 채록된 노래이나, 글자만 달리하여 충청도와 영남 지방의 여자들이 길쌈을 하면서 즐겨 불렀던 민요이다. 이 노래만 보더라도 양반가 여인네의 삶이 이혼이 없다고 해서 기를 펴고 살 수 있는 구조는 아니었음을 알 수 있다.

그럼 서민층은 어떠했을까?

서민들의 경우에는 오히려 양반보다 이혼이 쉬웠다. '사정파의(事情罷議)'나 '할급휴서(割給休書)'라는 방법을 통하여 남녀가 갈라서기도 했다. 사정파의란 부득이한 사유가 있을 때 부부가 마주 앉아 이혼 사유를 말하고 서로 동의를 얻어 갈라서는 것이다. 할급휴서는 이혼문서 같은 것으로, 칼로 윗옷의 자락을 베어 그 조각을 상대방에게 주면 이혼이 성립되었다. 지금처럼 법원에 가서 서로가 잘났다고 싸울 필요 없이 "너하고 나하고는

안 맞은께, 이제 그만 갈라서." 하고, 상대방이 "그래 좋아." 동의하면 서로 옷고름 찢어 주고 헤어지면 그만이었다.

그런데, 콩 선생의 마음속에 의심이 하나 불거진다.

칠거지악에 의한 이혼은 일방적으로 남자에게 유리한 제도였고, 실제로도 남자들은 이 제도를 적절히 활용하여 자신들의 뜻을 성취하곤 하였다. 그렇다면 여자는 스스로 이혼을 요구할 수 있는 방법이 없었을까?

남녀 차별이 심한 조선 사회니까, 여자가 나서서 이혼을 요구하는 경우는 거의 없었을 것이다. 그러나 아주 특수한 경우

여자도 이혼을 요구할 수 있었다.

예를 들어 남편의 생사를 모르는 상태에서 3년 이상 소식이 없을 경우에는 여자가 먼저 이혼을 요구할 수 있었다. 남편이 장인·장모를 때리는 경우나, 처갓집 식구들을 죽였을 경우에도 여자는 이혼을 요구할 수 있었다. 또한 남편에게 심한 매를 맞아 뼈가 부러지는 이상의 중상을 입었을 경우에도 당당히 이혼을 요구할 수 있었다. 다만 이 경우에는 남편의 동의가 있어야 이혼이 가능했다.

여기서 질문을 하나 해 보자.

여자가 이혼을 했다. 아니 이혼을 당했다고 하는 것이 맞을 것 같다. 이후에는 어떻게 살았을까?

남편과 갈라서면 친정으로 돌아와 평생 소박데기로 손가락질을 받으며 눈물로 세월을 보내거나, 아니면 이른 아침 성황당[28] 앞에 나가 주어진 운명에 몸을 맡기는 수밖에 없었다. 조선시대에는 '습첩(拾妾)'이라는 풍속이 있었다. 소박당한 여자가 새벽에 성황당 앞에 서 있으면, 그녀를 처음 발견한 남자가 데리고 살

28) **성황당** 토지와 마을을 수호하는 신인 서낭신에게 제사하기 위한 제단. 주로 마을 입구나 고갯마루에 있었다.

의무가 있었다. 남자가 기혼이건 미혼이건, 잘생겼건 못생겼건 여자에게는 따질 권한이 없었다. 처음 만난 남자를 따라가 그와 함께 평생을 팔자려니 생각하고 살아야 했다.

그러고 보니, 고려시대 여자들에 비해 조선 여인들은 참으로 힘든 인고의 세월을 살았을 것 같다.

아! 불쌍한 조선의 여인들이여!

선비 장콩의 과거 시험 합격기

조선시대에도 시험 스트레스가 있었다

한국청소년상담원의 조사에 의하면, 우리나라 청소년의 45%가 시험을 앞두고 긴장감 때문에 두통이나 복통, 불면, 식욕부진 등과 같은 스트레스성 질환에 시달리고 있다고 한다. 심지어 어떤 학생의 경우는 '시험'이라는 단어만 들어도 머리에 열이 나면서 배가 아프다고 하니, 시험으로 인한 스트레스가 날이 갈수록 더해지는 것 같다.

사실 콩 선생도 고등학교 시절 시험 때문에 스트레스를 자주 받았다. 아무리 공부를 해도 시험 성적이 제자리걸음일 때는 '내 머리는 왜 이렇게 멍청할까?' 하며 자조하기도 했고, 매주 월요일마다 실시하는 주초 고사 때문에 주말에도 편히 쉬지 못하고 시험공부에 매달려야 했다. 혹 시험 준비를 부실하게 해 놓기라도 하면 일요일 밤에는 호랑이 같은 영어 선생님에게 엉덩이를 맞는 꿈에 가위눌리기도 했다.

주초 고사가 뭐냐고?

요즘에는 시험 부담을 덜어 준다는 명분 때문에 학교에서 정기적으로 보는 시험이 1년에 4회 정도에 불과하다. 하지만 콩 선생이 고등학교를 다니던 1970년대 후반에는 어느 학교든지 학생들을 공부시킨다며 매주 월요일에는 전주에 배운 내용을 중심으로 영어 단어와 수학 시험을 간단히 치르고 매월 마지막 주는 월말고사라고 해서 주요 과목 시험을 치렀다. 1970년대의 한국은 매주 시험을 쳐야 하는 '시험공화국'이었다. 아마 나이가 지긋한 사람들은 아직도 그 시절의 기억이 생생할 것이다. 시험은 예나 지금이나 우리 주변을 얼쩡거리는 스트레스의 주범임에 틀림없다.

그런데 옛날 사람들도 시험이나 취업 문제로 스트레스를 받았을까?

지금보다야 덜 받았을 것 같다고?

아니다.

옛날 사람들에게도 당연히 시험 스트레스가 있었다. 농민인 경우에는 시험을 볼 필요가 없이 농사만 지으면 되었지만, 양반은 과거 시험 때문에 지금보다 스트레스가 더하면 더했지 덜하지는 않았다.

물론 과거는 양인 이상이면 응시가 가능했다. 따라서 농민도 시험을 볼 수 있었다. 그러나 농사를 지으면서 과거에 합격한다는 것은 그야말로 하늘의 별 따기였으므로 실제로 과거를 응시하는 사람은 대부분 양반 가문의 자제들이었다. 이들은 가문의 명예나 자신의 입신양명을 위하여 과거에 꼭 합격해야 했기에 그에 따른 압박감은 상상을 초월했다.

'과연 그럴까?' 하고 의심할 수도 있지만, 지금부터 장콩 선생이 조선시대 선비들의 삶을 직접 체험하려고 하니, 함께 여행을 다녀온 뒤 각자가 판단해 보자.

자! 그럼, 타임머신을 타고 조선 전기인 16세기 후반으로 시간 여행을 떠나 보자.

동짓날에 서당에 가야 하는 이유

여기는 조선, 내 나이 여덟 살이다.

아버지는 내일이 동짓날이니 나를 데리고 서당의 훈장을 찾아가 공부를 부탁해야겠다고 어머니에게 말씀하셨다.

어머니는 왜 추운 겨울에 아이를 고생스럽게 서당에 보내려고 하냐며 내년 봄, 날이 풀리면 보내자고 만류하신다. 그러나 아버지는 서당은 본래 동짓날부터 다니는 것이라며 꼭 내일부터 가야 한다고 우기셨다.

내가 이상해서 "아버지! 왜 서당은 동짓날부터 다녀야 해요?"라고 물었다.

아버지 왈 "동지가 양(陽)의 기운이 새롭게 태동하는 날이니까 이날부터 학교에 다니는 것이 조상 대대로 내려오는 전통이란다."라고 말씀하셨다.

다음날 아침 아버지와 나는 어머니가 정성스럽게 싸 준 닭과 술을 들고 서당으로 훈장님을 찾아갔다. 살아 있는 닭을 들고 가기가 귀찮아서 그냥 간다고 했더니, 어머니는 서당에 처음 갈 때는 훈장님께 드릴 선물을 가지고 가는 것이 예의라고 하면서 기어이 닭과 술을 내 손에 들려 주셨다. 나중에 알고 봤더니 서당에 처음 들어가는 아이는 누구나 훈장님께 드릴 선물을 가지고 가는 것이 관례라고 했다.

아버지와 훈장님은 젊었을 때 함께 글공부를 한 사이였기에 서로 잘 알고 있었다. 훈장님은 내게 몇 마디를 묻고 머리를 쓰다듬으면서 내일부터 서당에 나와 열심히 공부하여 집안의 명예를 높이라고 당부하셨다. 훈장님은 우리 마을에서 50리 떨어진 곳에 사시는 분으로 어르신들이 마을 공동으로 그분의 생계를 책임지기로 하고 특별히 모셔 왔다고 한다.

서당은 7~8세가 되면 들어가 15~16세까지 공부를 한다. 그 뒤에도 더 공부가 필요하면 향교나 서원으로 진학한다. 타임머신을 타고 21세기 대한민국을 방문하고 돌아온 아저씨 말에 의하면 그곳에서는 서당을 초등학교라 부르고 있으며, 향교나 서원은 중등학교라고 한단다.

각 고을의 공립학교, 향교

향교는 국가가 유교 이념을 지방에까지 보급하기 위하여 각 고을마다 설치한 공립학교이다. 학교라고 하지만 실은 교육보다 공자를 비롯한 유교적 성현[29]들의 위패[30]를 모시고 제사를 지내는 기능이 먼저이고 더불어 고을의 인재를 뽑아서 교육도 시

29) 성현 성인(성스러운 사람)과 현인(현명한 사람)을 아울러 이르는 말.

30) 위패 죽은 사람의 이름과 죽은 날짜를 적은 나무패. 죽은 사람의 혼을 대신하는 물품이다.

켰다.

조선 초에는 서울에서 학생을 가르치는 선생을 보내 주었으나, 16세기로 접어들면서 점차 중앙에서 선생을 파견하지 않고 고을의 유력 양반들로 구성된 교임(校任)들이 서로 논의하여 향교도 운영하고 선생도 선발했다.

향교에 다니고 있는 작은형의 이야기를 들으니, 향교 학생들을 교생이라고 하는데 그 수는 법으로 정해져 있다고 한다. 각종 제도를 정리해 놓은 법전인 『경국대전』을 보면, 부(府)나 목(牧)은 90명, 군(郡)은 50명, 현(縣)은 30명으로 학생 수가 제한되어 있다. 그러나 실제로 우리 고을의 향교를 보니 정원 외 학생들도 많았다. 교생들은 군역이 면제되는 등 각종 혜택을 누릴 수 있으므로 공부를 하는 학생이라면 누구나 향교에 적(籍)을 두려고 했다. 따라서 법에서 정한 정원 외에도 뒷구멍으로 향교에 입학하여 공부하는 학생들이 간혹 있었다.

그런데 형과 이야기하면서 한 가지 특이한 것을 발견할 수 있었다. 임금님이 사는 서울에는 향교가 없고 순수하게 교육만 전담하는 중등학교가 동·서·남·북 4곳에 있어서 '4부 학당'이라고 한다는 것이었다. 형에게 그 이유를 물었더니, 서울에는 국립대학인 성균관이 있어서 그렇다고 했다.

도대체 성균관과 향교, 4부 학당은 어떤 관계일까? 나는 의문이 생겼다. 한참을 생각해도 그 관계를 알 수 없어서 형에게 다시 물었다. 형은 내 질문에 자세하게 답변해 주었다. 역시 우리 형이다.

조선 유일의 국립대학, 성균관

성균관은 조선에 하나밖에 없는 국립대학이다. 형과 같은 향교 학생이나 서울에 있는 4부 학당 학생이 과거에 합격하여 생원이나 진사가 되면 성균관에 입학할 수 있었다.

성균관의 대성전 공자를 비롯한 중국의 유교 성현들과 우리나라 명현 18인의 위패를 모시고 있다.

그런데 성균관도 향교처럼 공자를 비롯한 유교적 성현을 모시는 '문묘'의 기능과 학생을 가르치는 '교육'의 기능을 동시에 수행했다. 아니 이 말은 조금 틀렸다. 성균관이 담당한 문묘의 기능을 지방에서는 향교에서 담당했으니 말이다. 어쨌든 성균관이나 향교는 문묘와 교육의 기능을 동시에 담당했던 기구이다.

따라서 서울에서는 성균관 아래 단계의 학교인 4부 학당이 문묘 기능을 가질 필요가 없었다. 향교와 동급 학교인 4부 학당이 지방 향교와는 다르게 순수하게 학생들을 가르치는 기능만 담당했던 이유이다.

조선의 학생들은 서당에서 초등 교육을 받고 서울 출신들은 학당에서, 지방 출신들은 향교나 서원에서 중등 교육을 받는다. 그리고 나서 생원·진사 자격시험을 거쳐 성균관에 입학할 수 있었다.

인기 있는 사립학교, 서원

서원은 사립학교이다. 조선 초기에는 없다가 16세기 중엽에 처음 세워졌다.

풍기 군수로 있던 주세붕이 풍기 땅에 백운동 서원을 건립한 것이 16세기 중엽의 일이다. 이것이 우리나라 최초의 서원이었다. 이후 서원은 전국 각지에 우후죽순처럼 들어섰다.

서원 역시 학교였지만 전적으로 공부만 한 곳은 아니었다. 향교처럼 선배 성리학자들의 위패를 모시고 제사 지내는 문묘의 기능과 교육의 기능을 겸하였다. 단지 서원이 향교와 다른 점은 향교가 국가에서 공식적으로 운영하는 기구였다면, 서원은 각 고을의 유력한 사림들이 세운 뒤에 국가의 공인을 받았다는 것이었다.

물론 전국에 세워진 모든 서원을 국가가 공인한 것은 아니었다. 국가가 공인한 서원은 임금에게 현판을 하사받았다고 해서 '사액서원(賜額書院)'이라 했다. 국가 공인을 거치면 현판 하사뿐만 아니라 서원 운영에 드는 경비나 서적, 심지어는 노비까지 국가에서 내주었기에 많은 서원들이 국가의 공인을 받기 위하여 노력하였다.

내가 살고 있는 시대는 16세기 후반으로, 지금은 향교보다 서원의 인기가 높아 나와 같은 학생들은 주로 서원에 진학하고 있다. 이른바 공립학교보다 사립학교의 인기가 더 높은 것이다.

장콩, 서당과 서원을 졸업하다

나는 서당에서 친구들과 함께 『천자문』을 배우고 『동몽선습』이나 『격몽요결』 『명심보감』을 공부하면서 문장의 뜻을 해독하고 책 속의 교훈적인 내용을 터득했다.

서당 공부는 훈장님이 가르쳐 준 글을 소리 높여 읽고 외운 후에 훈장님 앞에서 시험을 보는 방식으로 이루어졌다. 또한 때에 따라서 글짓기도 하고 붓글씨 연습도 했다.

내 나이 16세, 이제 서당 교육을 마칠 때가 되었다. 나는 진학을 포기한 몇몇 친구들과 작별을 하고 서원에 입학했다. 나와 같은 양반 가문 출신들은 대다수가 서원에 적을 올렸다. 독선생

(가정교사)을 두고 혼자 집에서 공부했던 옆집 친구도 서원에 등록했다. 이제 우리는 이곳에서 성리학의 기본 경전들을 공부하면서 서서히 과거를 준비해야 한다.

오리엔테이션 시간에 들어 보니, 서원에서는 『소학』 『대학』 『논어』 『맹자』 『중용』 『서경』 『역경』 『춘추』 순으로 공부를 한다고 한다.

공부 방법은 서당과 별로 다를 것이 없어서 배운 글을 소리 높여 읽고 의리를 문답하는 강(講)이 기본이었다. 그런데 서원에서는 평가가 칼같이 이루어졌다. 책이 끝나면 반드시 시험을 보아 잘하고 못함에 따라 대통(大通), 통(通), 약통(略通), 조통(粗通), 불통(不通)으로 구분한다고 하니 정신 바짝 차리고 공부해야겠다. 21세기 학교에서는 대통을 '수', 통을 '우', 약통을 '미', 조통을 '양', 불통을 '가'라고 한단다.

어머니는 "너는 머리가 좋으니 열심히 공부하면 과거 합격은 문제가 없다."라고 격려하시며, 날마다 새벽에 일어나 정화수를 떠 놓고 천지신명님께 빌고 계신다. 나를 위해 온 정성을 쏟으시는 어머님을 위해서라도 내 꼭 과거에 합격하고 말리라.

우리나라의 과거는 문관을 뽑는 문과, 무관을 뽑는 무과 그리고 기술 관리를 뽑는 잡과가 있다. 이 중에서 나는 문과에 응시하려고 한다. 그런데 문과에 합격한다는 것은 21세기 한국 땅에서 제일 어렵다는 사법고시에 합격하는 것보다 몇 배는 더 힘든 일이니 내가 언제 과거에 합격할는지 알 수 없다.

이렇게 말하면 21세기 사람들은 "엥? 과거가 사법고시보다 어렵다고?" 하며, 반문할지 모른다. 그러나 과거는 원칙적으로 3년마다 열리며 내가 보려고 하는 문과는 최종 선발인원이 33명에 불과하다. 그야말로 낙타가 바늘구멍 통과하기보다 어려운 게 과거 합격이다. 물론 3년에 한 번씩 치르는 정기시험인 식년시 이외에도 국가에 큰 경사가 있으면, 임시 과거인 별시가 치러진다. 그렇다고 하더라도 과거가 있다고 하면 전국에서 난다 긴다 하는 수재들이 전부 시험을 보러 몰려드니, 과거 합격은 사법고시 합격보다 어려운 게 분명하다.

성균관에 진학한 장콩

나는 일단 성균관에 입학하기 위하여 진사과를 목표로 공부하기 시작했다. 국립대학인 성균관은 누구나 갈 수 있는 학교가 아니다. 성균관에서는 생원과 진사 각 100명씩 모두 200명만 공부할 수 있다.

생원, 진사가 뭐냐고?

성균관에 입학할 자격을 가지고 있는 예비 관리들이다.

우리가 흔히 '과거'라고 부르는 시험은 여러 단계로 구성되어 있다. 우선 전국에서 성균관을 목표로 공부하고 있는 학생들을 대상으로 일차 시험인 초시를 치렀다. 이 시험에서 700명을 선발하여 서울에서 이차 시험인 복시를 보아 생원, 진사 각 100명씩을 선발하여 성균관에 입학시켰다. 생원과는 유교 경전인 4서5경[31]을 시험했고, 진사과는 부 1편, 시 1편을 지어 문장력을 시험했다. 따라서 유교 경전에 능한 사람은 생원과에, 글짓기를 잘하는 사람은 진사과에 주로 응시했다.

31) **4서5경** 『논어』『맹자』『중용』『대학』의 네 경전과 『시경』『서경』『주역』『예기』『춘추』의 다섯 경서를 이른다.

나는 1575년 23세의 나이로 진사과에 합격하여 꿈에 그리던 성균관에 입학하였다. 조선에서 유일한 국립대학인 성균관 입학이 내 최종적인 목표는 아니지만 이제 문과 합격이라는 내 목표는 거의 달성한 것이나 다름이 없다.

그런데 성균관에 와서 보니 생원, 진사가 아닌데도 입학을 한 학생이 다수 있었다. 나는 밤이나 낮이나 책을 보고 글짓기 연습을 하여 천신만고 끝에 성균관에 들어왔는데, 성균관 학생의 3분의 1인 100명의 학생은 성균관 기재생이라 하여 무시험 입학을 했다. 나는 시골 출신이라 기재생이 무엇인지 몰랐는데, 주변의 말을 들어보니 그들은 서울에 있는 4부 학당 출신들이었다. 이들에게는 생원, 진사과 합격을 못하더라도 『소학』을 구두로 시험하여 성균관 입학 자격을 준다고 했다. 서울 사람과 지방 사람을 차별하는 것 같아 괜히 심통이 났다.

식년시에 합격하다

1580년, 드디어 나는 성균관에서 공부한 지 5년 만에 식년시에 합격하였다.

아! 꿈만 같다. 내가 문과에 합격하여 관리가 되다니…….

나는 문과에 합격하기 위하여 총 3회의 시험을 통과해야만 했다. 첫 번째 시험인 초시는 문장력을 시험하는 부(賦)와 중국으로 보내는 외교 문서의 표지문인 표(表) 작성, 나라의 시급한 일에 대한 해결 방안을 제시하는 논술 시험인 책(策)을 이틀에 걸쳐 실시하여 전국에서 250명을 선발하였다. 초시 합격자를 서울에 모아 두 번째 시험인 복시를 초시와 동일한 방법으로 실시하여 그중 33명만을 합격시켰다.

나는 복시까지 합격하여 꿈에 그리던 조선의 문반 관리가 될 자격을 획득했다.

33명의 복시 합격자가 최종 시험인 전시(殿試)를 한 번 더 보아야 하지만, 임금님이 직접 주관하는 전시는 순위를 결정하는 시험일 뿐이다.

전시가 있는 날이다. 33명의 복시 합격자가 열 지어 앉아 있는 시험 장소에 임금님이 직접 나와 시험 감독을 했다.

전시는 등급을 갑과 3명, 을과 7명, 병과 23명으로 나누어 매겼다. 갑과 3명 중 가장 점수가 좋은 사람을 장원이라고 하는데, 장원을 한 사람은 특별히 우대하여 지방 수령(지금의 군수)을 할 수 있는 종6품계를 주었다. 나는 아쉽게도 병과에 합격하여 정9품의 관직에 임명될 수 있었다. 정9품에서 종6품까지 승진하기 위해서는 7년 정도가 걸린다. 그러므로 앞으로 장원보다 더 열심히 노력해야 장원을 따라잡을 수 있을 것이다. 열심히 하자. 아자! 아자!

전시 발표가 끝난 후 합격증서 수여식이 있었다. 창방의 또

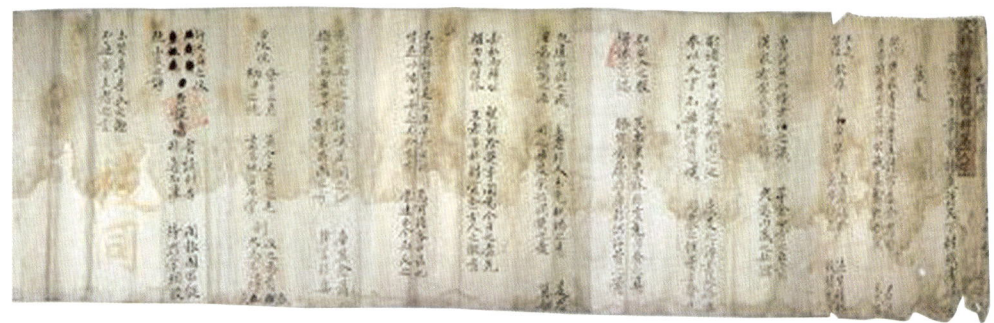

과거 시험 답안지인 시권
1660년 박세당이 별시 문과에 장원 급제할 때의 것으로 답안지 우측에 수험번호, 가족관계, 시험 문제가 쓰여 있고 박세당이 유려한 필체로 쓴 답안과 오탈자 수정, 수험관의 검열표시가 보인다. 과거 시험 답안지는 합격자에 한해 돌려주었다.

는 방방의라고 불렀는데, 이날 나는 지금까지 뒷바라지를 해 주신 부모님을 초대하였다. 대열에 서서 뒤쪽을 쳐다보니 부모님이 환하게 웃고 계셨다. 기분이 무척 좋았다.

임금님이 들어오신다고 대열을 정렬하란다. 나는 문과에 급제하였기에 오른편에 섰다. 무과 합격자들은 왼편에 정렬하였다. 임금님이 자리에 앉자 드디어 창방의가 시작되었다. 우리는 지시에 따라 국왕에게 네 번 절을 올리고 합격증서인 홍패와 시가행진 때 쓸 어사화, 일산(양산)을 하사받았다.

창방의가 끝나자 국가 최고의 관청인 의정부에서 축하잔치를 성대히 개최하여 그동안의 노고를 치하해 주었다. 나는 오랜만에 술도 한잔하면서 흥겹게 놀았다.

어사화를 꽂고 유가를 하다

다음날 아침, 우리는 문과 장원자의 집으로 갔다. 이곳에서 합격자 전체가 함께 모여 궁궐로 나아가 임금님께 사은례를 올려야 했다. 이튿날에는 무과 장원자의 집에 모여 성균관 문묘를 찾아가서 공자의 신위[32]에 예를 표하였다.

32) **신위** 죽은 사람의 위패를 모셔 두는 자리.

그러고는 사흘 동안 임금님이 하사하신 어사화를 머리에 꽂고 말을 타고서 시가행진을 하였다. 서울에 사는 많은 사람들이 환호성을 올리며 박수로 축하해 주었다. 연일 계속되는 행사에 피곤하기도 했지만, 지금까지 공부를 열심히 한 것에 대한 보상이라고 생각하니 절로 흥이 났다. 이처럼 과거 급제자가 시가행진하는 것을 '유가'라고 한다.

33) **수령** 고려·조선 시대에 각 고을을 맡아서 다스리던 지방관들을 통틀어 이르는 말.

나는 이제 공식행사가 다 끝났다고 생각했다. 그런데 이게 웬걸, 고향 사람들이 과거에 합격한 나를 환영하기 위하여 수령33)을 중심으로 '환영 준비 위원회'를 구성하고 내가 내려오기만 기다리고 있다고 연락을 해 왔다. 나는 몹시 피곤하여 거절할까도 생각했지만, 성원해 준 고향 사람들에게 인사를 올리는 게 도리일 것 같아 짐을 꾸려 고향으로 내려갔다.

고향에 도착하니 수령을 비롯한 고을의 모든 사람들이 대대적으로 환영해 주었다. 나는 고향 사람들에게 감사를 표하기 위해 다시 시가행진을 하고 마을에서 부모님과 동네 어르신들이 참석한 가운데 홍패를 모시고 일생의 만사형통을 비는 '홍패 고사'를 지냈다. 그리고 동네잔치를 열었다.

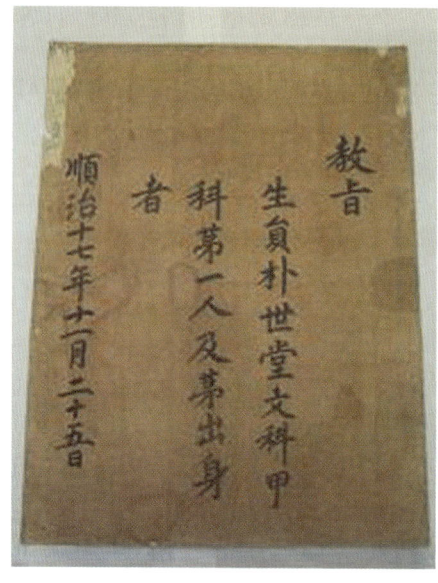

문과 합격증서인 홍패 붉은 바탕의 종이에 합격자의 성적·등급·성명 등을 먹으로 썼다. 박세당이 별시 문과에 장원 급제(갑과 1위)한 사실을 알 수 있다.

진인사 대천명

지금까지 콩 선생은 시간 여행자가 되어 16세기의 조선 땅에서 교육을 받고 과거 시험을 치렀다. 함께 여행을 한 여러분도 과거 시험 합격이 얼마나 어려운지 몸소 체험했을 것이다.

조선의 선비들은 바늘구멍을 통과하는 낙타의 심정으로 과거에 모든 것을 걸어야 했기에 요즘 수험생에 비하여 스트레스가 심하면 심했지 약하지는 않았다. 그런데도 그들은 '진인사 대천명(盡人事 待天命)'을 하루에도 몇 차례씩 되새기며 힘든 과거 시험 준비에 전력을 다하였다.

사람으로서 할 수 있는 일을 다 하고 나서 하늘의 명을 기다린다면 하늘도 감동하여 도와준다. 공부나 취업 또한 마찬가지이다. 자신감을 상실하여 '나는 안 돼.'라고 생각하기보다는 자신이 가야 할 방향을 뚜렷이 세우고 최선을 다한다면 반드시 목표에 도달할 것이다.

장콩 선생이 수업하는 고3 교실에 누군가가 '피할 수 없다면 즐겨라.'라는 명언을 붙여 놓았다. 맞는 말이라고 생각한다. 피할 수 없는데 굳이 피해 가려 하면 스트레스만 쌓인다. 아무리 어려운 상황이라도 즐긴다는 자세로 최선을 다해 타개책을 모색한다면 언젠가는 그 힘든 상황 자체가 자신의 삶에 보탬이 될 것이다. 콩 선생의 명언이다. 빨간색 펜으로 밑줄 쫙 긋고 머릿속에 새겨 넣어라.

자! 마지막 궁금증이다. 설마 과거 시험에서 부정을 저지르는 사람은 없었겠지?

천만의 말씀, 과거 시험에도 부정행위는 있었다.

시험장에 몰래 책을 가지고 가거나, 요점 정리를 해 와서 베끼는 경우는 아주 작은 부정에 속할 정도였다. 그보다 훨씬 대담한 부정행위가 감독관의 눈을 피해 종종 일어났다. 예를 들어 시험장에 '대타'를 보내 자기 대신 시험을 치게 하기도 했고, 시험 출제자와 작당하여 문제를 사전에 유출하기도 했다. 그뿐만 아니라 시험관과 사전에 작당하여 시험지에 본인임을 밝히는 비밀 표시를 하여 손쉽게 합격하기도 했다.

 발각되면? 특별 재판소인 의금부에 넘겨 조사하고 엄중하게 죄를 물었다. 또한 이후 두 차례 시험 응시 기회를 박탈했다. 그런데도 출세에 대한 유혹 때문에 부정행위를 저지르는 사람들이 간혹 있어서 큰 사회문제로 번지는 경우도 종종 발생했다.

명의 멸망을 초래한 임진왜란

"임진왜란은 동양 3국이 치른 국제전이었다."

맞는 말일까?

일본이 조선을 침략한 전쟁이니 틀렸다고?

아니다. 맞는 말이다.

조선과 일본에 명나라까지 서로 뒤엉켜 이전투구[34]를 벌였던 전쟁이 임진왜란이었다.

34) 이전투구 '진흙탕에서 싸우는 개'라는 뜻으로 자기 이익을 위하여 비열하게 다툰다는 뜻이다.

아니, 명나라는 왜?

임진왜란 당시 명은 조선의 요청으로 4만의 군대를 보내 전쟁이 진행되는 동안 조선 땅에 주둔시키면서 감 놔라 배 놔라 간섭을 했다.

명이 아무 이익도 없이 일본군과 싸웠느냐고?

그건 아니다. 자기 나라에 이익이 되었으니 군대를 파견해 조선을 도와줬다.

세상에 공짜는 없다. 우리가 우방이라고 굳게 믿는 미국도 자국의 이익이 없으면 우리를 도와주지 않는다. 그래서 외교에는 영원한 적도 영원한 동지도 없다고 하는 것이다. 역사 속에서 배워야 할 또 하나의 교훈이다.

굳이 여기서 미국 이야기를 꺼내는 것은 임진왜란 때 명군이 했던 일과 한국 전쟁 이후 지금까지 미군이 우리나라에 주둔하면서 하고 있는 일들이 판박이처럼 닮았기 때문이다.

지금부터 장콩 선생이 풀어놓는 얘기를 들으면 "어! 정말

이네." 하면서 고개를 끄덕거릴 것이다.

1592년 4월 13일 20여 만 명의 병력으로 조선을 침략한 왜구는 부산과 동래를 함락하고 5월 2일에는 서울까지 점령해 버렸다. 부산포 앞바다에 진을 친 후 28일 만이었으니, 일사천리로 북진해 왔음을 알 수 있다. 6월 13일에는 평양성까지 점령하여 이제 조선의 운명은 바람 앞에 흔들리는 촛불 같았다.

남해에서 이순신의 수군이 연전연승을 거두고 있었으나, 정작 중요한 육지 전투에서 힘 한번 써 보지 못하고 연전연패당하고 있었으니, 조선의 힘만으로 난국을 타개하는 것은 불가능해 보였다.

임금인 선조는 서둘러서 아버지 나라로 섬겼던 명나라에 도움을 요청했다. 명나라 조정에서는 갑론을박이 벌어졌다. 다행히 파병론이 우세하여 4만 병력의 군대를 조선 땅에 보내 주었다.

그런데 명군은 조선 땅에 들어오자마자 세상에 공짜가 없

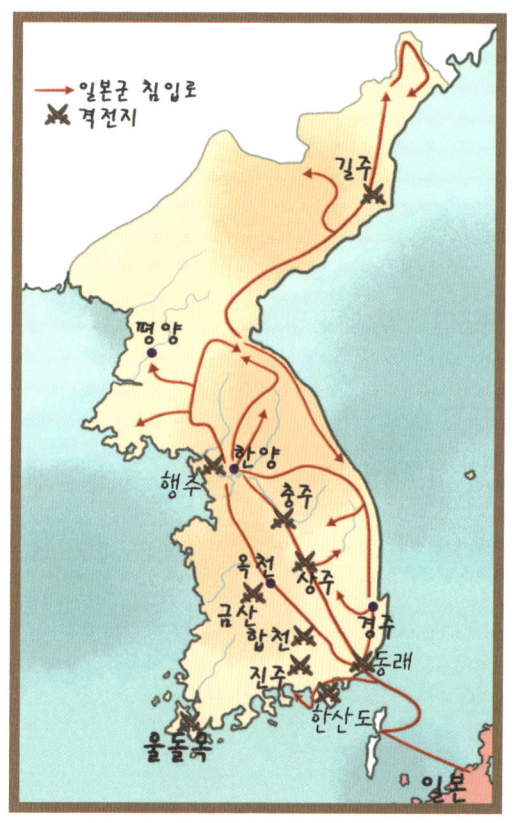

임진왜란의 전개

다는 것을 증명이라도 하듯 군사 작전권을 접수하더니 조선왕의 고유 권한이었던 인사권마저 가져가고 말았다. 또한 한국 전쟁 때 우리가 반대했음에도 미국이 일방적으로 휴전을 결정한 것처럼 명도 조선의 의지와는 상관없이 자기들 맘대로 휴전을 해 버렸다.

임진왜란에도 휴전이 있었느냐고?

몰랐던 사람이 대부분이겠지만 있었다.

이여송이 이끌고 온 4만 명의 명군은 조선군과 협력하여 1593년 1월에 평양성을 탈환하였다. 사기가 오른 명나라 군대는 그 여세를 몰아 서울까지 탈환하려고 서둘러 남하했다. 그러나 서울 위쪽에 있는 벽제에서 왜군에게 패하자 진격을 멈추고 그곳에 주저앉아 살인, 약탈, 강간을 저지르며 조선 백성들을 괴롭혔다. 그러면서 조선을 빼놓고 자기들끼리 쑥덕쑥덕하여 휴전 협정을 맺어 버렸다.

사실 따지고 보면 명이 조선에 군대를 보낸 것도 조선이 딱해서만은 절대 아니었다.

일본이 조선과 전쟁을 치르며 내건 명분이 '정명가도(征明假道)'였다. 정명가도가 무엇인가? 명을 치기 위해 우리가 왔으니 조선 너희들은 길만 빌려 달라는 것이다. 일본의 검은 속셈, 즉 조선을 차지하고 난 후에 기회를 봐서 중국 대륙까지 진출하겠다는 계획을 명이 어찌 몰랐겠는가? 결국 명나라의 군대 파견은 자국의 안보에 필요했던 일이었다.

흔히 왜란을 7년 전쟁이라고 한다. 1592년 4월에 시작하여 1598년 11월에 노량 앞바다로 마지막 왜군 부대가 철수하면서 끝났다. 장장 6년 7개월에 걸친 장기전이었다. 그러나 실제 전투 기간은 이보다 훨씬 짧았다. 특히 전쟁다운 전쟁은 초기 2개월에 불과했다. 조선군이 열세를 거듭했던 육지 전투에서도 2개월 정도 지나면서 충의 정신으로 무장한 의병들이 전국 곳곳에서 나타나 왜군을 괴롭히며 전세가 뒤바뀌었다.

따라서 조선이 일방적으로 밀린 시기는 전쟁 초기 2개월에 불과하였고, 그 이후는 조선 땅에서 전쟁이 치러지고 있다는 점만 빼면 양쪽이 대등하거나 조선이 좀 더 유리한 위치에 선 적이 많았다.

물론 임진왜란을 조선이 승리한 전쟁이라고 말할 수는 없다. 다만 여기서 강조하고자 하는 것은 일본에 일방적으로 패한 전쟁이 아니었다는 점이다.

오랜 전쟁의 결과는?

전쟁에 참가한 모든 나라, 즉 조선·명·일본 모두가 큰 상처를 입었다.

전 국토가 전쟁터였던 조선은 국토가 황폐화되었으며, 민생은 피폐해졌고 문화유산도 많이 손실되었다.

지원부대를 파견했던 명은 어떠했는가?

전쟁 비용으로 많은 돈을 쓰다 보니 국가 재정이 부실해졌다. 또 조선 땅에서 일어나는 전쟁에만 신경 쓰느라 북방 민족에 대한 감시를 소홀히 했다. 이 틈을 타서 만주 지방에서 여진족이 발흥하였는데 결국 그들이 세운 청이 명을 멸망시키고 말았다.

일본은?

전쟁을 일으켰던 도요토미 히데요시가 죽고 그 아들에게 막부의 권한이 승계되었다. 하지만 2인자였던 도쿠가와 이에야스가 정권을 탈취하여 히데요시 가문은 지구상에서 사라지고 말았다. 일본으로서는 이익도 있었다. 성리학과 도자기를 비롯한 조선의 선진 문물이 전래된 덕분에 문화가 크게 발전할 수 있었다.

무엇보다 임진왜란은 조선 백성들에게 참혹한 전쟁이었다. 콩 선생이 일본에 갔을 때 전해 들은 이야기 하나가 생각난다. 눈물 없이는 들을 수 없는 애기니 손수건을 준비해라.

일본의 옛날 수도이던 교토에 가면 '귀무덤'이 있다. 교토 박물관 정문에서 좌측으로 200미터 정도 떨어진 곳에 있는 이 무덤에는 임진왜란 때 일본인들이 베어 간 조선인들의 귀와 코가 수천 개나 묻혀 있다.

"뭐, 귀가 수천 개나?" 하며 의아해하겠지만 사실이다.

일본의 옛 수도 교토에 있는 귀무덤

    무덤 속에 잠들어 있는 귀와 코는 임진왜란 당시 조선에서의 승리를 도요토미 히데요시에게 보고하기 위해 왜놈들이 가져간 것이라고 한다. 그들은 붙잡힌 조선 사람의 귀나 코를 베어 소금에 절인 다음 배에 싣고 일본으로 가져가, 그것을 마차에 싣고 전국을 순회하며 자랑했다고 한다. 그러고는 무덤을 만들어 조선에서의 승리를 자축했다 하니 정말 잔인한 사람들이라고 하지 않을 수 없다.

    다행스러운 것은 현재 귀무덤 앞에는 1년 내내 꽃이 떨어지지 않는다고 한다. 일본 정부의 무관심 속에 허름하게 방치되어 있지만, 교토에 살고 있는 4만여 명의 재일 동포들이 시시때때 헌화하고 있기 때문이다.

임진왜란의 상처가 남긴 진풍경이자 민족애가 진하게 느껴지는 역사 교육의 현장이 아닐 수 없다.

세계 해전사를 다시 쓴 이순신

적함을 359척이나 격파하고, 3만 4,000여 명의 적군을 죽거나 다치게 했으면서도 단 한 척의 아군 함선도 침몰시키지 않은 전투가 세계 전쟁사에 존재할까?

도저히 없을 것 같다고?
콩 선생이 생각해도 그런 전투는 지구상에 존재하지 않을 것 같다.

그런데 우리 역사에 이런 전투를 치렀던 인물이 실제 존재한다.

존경하는 역사 인물 투표에서 늘 세종대왕과 1위를 다투는 이순신 장군이 백전백승의 무결점 전투를 엮어 낸 장본인이다.

이순신 장군은 임진왜란이 일어난 1592년에 전라좌도 수군절도사로 있으면서 왜군을 상대로 4차례 출동하여 33일 동안 적선 359척을 격침시키면서도 아군 함선을 1척도 잃지 않는 세계 해전사에 유례가 없는 기록을 세웠다.

대단하지 않은가?

그렇다면 이순신 장군은 도대체 어떤 전략 전술로 전쟁에 임했기에 이런 결과를 거둘 수 있었을까? 지금부터 이순신 장군이 전투를 벌이고 있는 16세기 말의 남해안으로 시간 여행을 떠나 장군의 전략 전술에 대해 심도 있게 알아보자.

동서양을 막론하고 이순신 장군이 활약하던 16세기 해전에서의 일반적인 전술은 쏜살같이 적선에 부딪쳐서 타격을 준

다음에 함선 안으로 뛰어들어 칼싸움을 하는 것이었다. 해적 영화에 간혹 등장하는 바이킹의 전투 모습을 연상하면 될 것이다.

이러한 싸움은 바다라는 조건만 제외하면 육전에서와 동일한 방법의 싸움이다. 만약 이순신이 이런 전술로 싸움에 임했다면, 아무리 훈련이 잘된 조선군이라도 쉽게 왜군을 이길 수 없었을 것이다.

왜냐고?

생각해 보라. 당시 일본은 도요토미 히데요시가 사무라이들이 활개 치던 전국시대를 막 끝낸 상태였다. 따라서 군사 조련이 잘 되어 있었고 조총이라는 최신 무기를 효과적으로 활용하고 있었다. 특히 사무라이들은 칼의 명수들이지 않은가? 그런 적들을 상대로 함선 안에서 백병전[35]을 벌였다면 백이면 백 무조건 패배했을 것이다.

[35] **백병전** 칼이나 총으로 적과 직접 몸으로 맞붙어서 싸우는 전투.

이순신은 과연 어떤 전술로 항해술과 칼쌈의 귀재들인 왜군을 꼼짝 못하게 해 버렸을까? 완벽한 승리의 비결은 다음과 같다.

첫째, 이순신 장군은 백병전에 능한 왜군을 상대로 싸우기 위해 당시로서는 획기적인 함포전을 주력 전술로 사용했다. 조선 수군이 지니고 있던 화기 중 왜군에 비해 월등히 우세했던 무기가 하나 있었으니, 그것은 다름 아닌 대포였다. 당시 조선 수군은 함선에 천자총통, 지자총통, 현자총통, 황자총통을 장착하고 있었는데, 구경이 가장 큰 천자총통의 경우 유효 사정거리가 약 1,200미터였다. 이에 반하여 왜군은 유효 사거리 50미터의 조총을 주력 무기로 무장하고 있었고, 화약 제조 기술이 뒤떨어져서 조선 수군에 비해 함포의 사정거리가 짧았다.

이러한 상황을 잘 파악하고 있던 이순신 장군은 조선 수군에게 불리한 백병전을 과감히 포기하고, 먼 거리에서 함포 사격을 전개하여 적선을 불태우거나 침몰시키는 전법을 채택, 전투를 항상 유리하게 이끌었다. 또한 이를 효과적으로 활용하기 위하여 학익진을 고안해서 임진왜란 내내 왜군과의 전투에 활용했다. 학익진은 말 그대로 전투가 벌어지면 모든 함선을 학의 날개처럼 횡대로 펼쳐서 적선에 포를 무차별적으로 발사하여 침몰시키는 전법이다.

이순신 장군의 독전도(이양로 작)

학익진이 당시 전투에서 얼마나 큰 빛을 발했는가는 이순신이 이끄는 조선 수군이 처음으로 승리를 거둔 옥포 해전의 상황을 살펴보면 알 수 있다.

1592년 5월 4일이었다. 이순신이 이끄는 전라좌수영의 함대는 경상우수사 원균의 함대와 합동으로 적 함대가 머물고 있는 거제도의 옥포로 향했다. 이때 옥포항에는 왜선이 30여 척 머물고 있었다. 이순신은 옥포만에 당도하자 "가벼이 움직이지 말고 산과 같이 행동하라."는 훈시와 함께 옥포만 전체를 학익진으로 포위하고 함포 사격을 가하여 왜선 26척을 격파했다. 왜군이 조총을 쏘면서 대항했지만 유효 사거리가 짧아 먼 거리에서 함포 사격을 가하는 조선군에게 타격을 줄 수 없었다.

학익진은 이순신 장군의 최대 승전지인 한산도 해전에서도 그 빛을 발했다.

1592년 7월 6일 이순신 장군은 전라우수사 이억기 부대와 연합 함대를 편성하여 90척을 거느리고 좌수영을 출발, 남해도

한산도 대첩

의 노량에서 경상수사 원균의 전함 7척과 합세하였다.

7일 저녁, 이순신은 왜선 70여 척이 견내량(현재 거제대교 부근)에 있다는 정보를 입수했다. 그러나 물살이 세고 폭이 좁은 견내량이 싸울 장소로 적합하지 않음을 알고, 왜선을 싸우기 좋은 한산도 앞바다로 유인하기로 결정했다.

8일 아침, 드디어 싸움이 시작되었다. 이순신은 작전계획대로 판옥선(板屋船) 5, 6척을 견내량으로 들여보내 적선을 유인해 냈다. 아무것도 모르는 왜군은 조선 함대가 자기들을 보고 꽁지 빠지게 도망가자 사기가 충천하여 무작정 쫓아왔다. 대기하고 있던 조선의 주력 함대는 왜선들이 한산도 앞바다로 몰려오자 이순신 장군의 신호 속에 적의 퇴로까지 차단한 상태에서 학익진을 펼쳐 66척의 적선을 순식간에 파괴했다.

둘째, 이순신은 항상 적보다 유리한 위치에서 싸움을 전개하였다. 그는 여수에 진을 두고 있던 전라좌수영의 총대장인 전라좌수사로서 날이면 날마다 군사 조련에 힘썼고, 왜적의 침범을 우려하여 남해안의 지형을 잘 살펴 두고 있었다. 이처럼 사전 대비를 잘했기에 실제 전투가 벌어졌을 때 학익진을 펼치기 유리한 장소로 적을 능수능란하게 유인할 수 있었고, 항상 유리한 위치에서 적과 싸울 수 있었다.

한산도 해전만 해도 그러하다. 만약 이순신이 견내량과 그 주변 지세를 자세히 알지 못했다면 그는 분명 적선이 정박해 있는 견내량으로 들어가 전투를 벌였을 것이다. 그러나 그는 사전

답사를 통해 견내량이 학익진에 불리하고 오히려 왜적에게 유리한 근접전을 하기에 좋은 지형임을 알고 있었다. 따라서 그곳을 피하고 적선을 싸우기 좋은 한산도 앞바다로 유인하는 전략을 세워 대승을 거둘 수 있었다.

이순신의 해전사에서 지형지물을 잘 이용한 또 하나의 전투는 정유재란[36] 때 치른 명량해전이다. 명량해전은 세계 해전사에서 기적적인 승리로 유명하다.

이순신이 모함을 받아 백의종군[37]하고 있을 때였다. 조선 수군을 지휘하고 있던 원균은 정유재란이 일어나자 칠천량에서 왜군과 싸웠으나 적의 계략에 말려들어 제대로 싸워 보지도 못하고 대패하고 말았다. 이에 다급해진 조정은 다시 이순신을 삼도수군 절도사로 복귀시켜 수군을 지휘하게 했다. 이때 조선 수군이 가지고 있는 함선은 모두 12척에 불과하였다. 이순신은 이 배를 가지고 진도 울돌목(명량)의 밀물과 썰물이 바뀌는 시점을 절묘하게 이용하여 적의 함대 31척을 격파, 서해안으로 진군하려는 적선을 퇴치할 수 있었다.

36) **정유재란** 임진왜란 휴전 교섭이 결렬된 뒤 선조 30년(1597)에 일어난 두 번째 왜란.

37) **백의종군** 벼슬 없이 군대를 따라 싸움터로 감.

명량해전 추정도

셋째, 이순신은 항상 적보다 앞선 정보를 취득하여 싸움에 적절히 활용하였다. 적을 알고 나를 알면 백전백승이라고 했다. 이순신은 해안에 살고 있는 백성들이 전해 주는 사소한 이야기도 적의 동태 파악에 활용하였고, 백성들 또한 정보만 갖다 주면 이순신 장군이 승리할 것으로 믿었기에 왜적의 동태와 관련된 다양한 정보를 이순신 진영에 전해 주었다.

한산도 해전을 치르기 전, 견내량에 왜적 함대가 있다는 것도 섬에서 말을 관리하고 있던 김천손이란 사람이 "70여 척의 왜선이 오후 2시경에 영등포 앞바다에서 견내량으로 들어가 정박하고 있다."라고 알려 줌으로써 효과적으로 대응할 수 있었다. 만약 김천손의 정보가 아니었다면, 조선 수군은 아무 생각 없이 견내량으로 들어가 적의 기습을 받았을 수도 있다.

넷째, 이순신이 전투에서 쉽게 승리할 수 있었던 데에는 거북선도 한몫 단단히 했다. 거북선은 당시 조선 수군의 주력 전함인 판옥선 위에 덮개를 만들고 철갑을 두른 전선으로, 덮개 위에 송곳 같은 못이 밤송이처럼 박혀 있었기에 적진을 유린하고 돌아다녀도 적들이 함선 안에 뛰어들 수 없었다.

이순신은 주로 학익진에 의한 함포전으로 적선을 제압했는데, 이때 거북선이 적진을 헤집고 다니며 적을 혼란에 빠뜨리지 않았다면 승리는 쉽지 않았을 것이다. 거북선이 들락날락하면서 돌격선의 임무를 충실히 수행해 주었기에 함포전을 쉽게 전개할 수 있었다.

거북선이 실제 전투에 투입된 것은 1592년 음력 5월 29일, 옥포 해전에 이은 제2차 출동 때였다. 사천 해전에서 그 자태를 처음으로 드러내어 적진 깊숙이 침투하며 종횡무진 활약하였고, 한산도 해전에서도 적진을 교란하는 임무를 충실히 수행하였다. 그러나 칠천량 해전 때 소실되어 지금은 그 흔적을 찾을 수 없다. 다만 약간의 자료와 추론에 의하여 거북선을 곳곳에 복원해 놓았을 뿐이다.

복원한 거북선

이순신 장군의 뛰어난 전략 전술은 일찍부터 외국에도 소개되어 그 탁월함을 인정받고 있다.

1904년 한반도 지배권을 놓고 벌어진 러·일 전쟁을 승리로 이끈 일본의 도고 헤이하치로 제독은 승리 축하연 자리에서 이렇게 말했다.

"나를 넬슨과 비교하는 것은 가하나, 이순신과 비교하는 것은 감당할 수 없는 일이다."

자신을 영국의 해군 명장 넬슨과 비교하는 것은 인정할 만하나, 조선의 명장 이순신 장군과 비교하는 것은 감히 자신이 감당할 수 없다는 이야기다.

또한 영국 학자 발라드(G. A. Ballad)는 『해양이 일본 정치사에 미친 영향』에서 "영국 사람으로서 넬슨과 필적할 인물이 있다는 것을 시인하기란 항상 어렵다. 그러나 그런 인물이 있다면 바로 한 번도 패하지 않고 전투 중에 전사한 이 위대한 동양의 해군 사령관일 것이다."라고 하면서 이순신 장군을 극찬하였다.

성웅 이순신, 그는 현재 먼지를 뒤집어쓴 채 서울 광화문 네거리에 우뚝 서서 우리 현대사를 지켜보고 있다. 타고난 재능 위에 꾸준한 노력을 더해 풍전등화의 위기에 처한 조선을 구해 낸 민족 최대의 영웅은 현대를 살아가는 우리들에게 무슨 말을 하고 싶을까?

광화문에 가서 그를 만나 한번 물어보자.
그리고 스스로 답해 보자.
우리 민족, 우리나라를 진정으로 사랑하는 길, 애국의 길은 무엇인지를.

9 시련 속에서도 삶은 계속되고

두 얼굴의 사나이 광해군

조선의 역사에서 왕좌에 앉고서도 묘호를 받지 못한 비운의 임금이 있다.

누굴까?

연산군과 광해군이다.

'군(君)'은 왕의 친척을 우대하여 붙여 주던 칭호이다.

이들은 조·종의 묘호를 받을 수 있는 왕이었음에도 '군'에 머물러 버렸다.

왜 그랬을까?

일반적으로 연산군과 광해군 하면 가장 먼저 떠오르는 단어가 '폭군'이다. 그러나 속내를 살펴보면 연산군과 광해군은 여러 면에서 차이가 난다. 연산군의 경우 폭군이라 주장해도 무리가 없다. 하지만 광해군은 꼭 그렇지만은 않다.

유교 윤리적 측면에서 접근하면 광해군도 분명 폭군이다. 그러나 정치적인 측면에서 접근하면 균형 감각이 탁월했던 현명한 군주로도 볼 수 있다. 따라서 그는 지킬박사와 하이드처럼 전혀 상반된 두 얼굴을 가지고 자신의 시대를 헤쳐 나갔던 지독

히도 운이 나쁜 사나이였다.

　광해가 왕의 자리에 올랐던 때는 임진왜란이 끝난 직후로 국토가 황폐화되고 백성들의 고통이 극에 달했던 시기였다. 이런 시대에 그가 왕으로서 해야 할 일은 뻔했다. 시대는 그에게 민생을 안정시킬 것을 요구했다.

　그는 시대 요구에 발을 맞춰 전후 복구 사업과 함께 민생 정책을 적극적으로 추진했다. 국가 재정을 정상화하기 위해 토지대장과 호적대장을 재작성했으며, 산업을 진흥시켜 민생 안정을 도모하였다. 또한 명의 허준에게 명하여 『동의보감』을 만들게 하여 백성들의 보건에 신경을 썼다.

　왜란 때 불타 버린 사고를 재정비한 것도 그였다. 사고가 뭐냐고? 왕조 실록을 보관하던 창고로 서울에 있는 춘추관 외에 전국의 주요 도시 3곳에 사고가 있었다. 그런데 전주 사고를 제외하고 3곳의 사고가 임진왜란 때 전부 불타 버렸다. 광해군은 전주 사고본을 이용하여 다시 실록 편찬 사업을 벌여 5개 사고를 전국에 설치하고 재발간한 실록을 분산 보관하게 했다.

대외적으로는 힘이 약한 조선의 입장에서 최대한 실리를 확보할 수 있는 중립 외교 정책을 추진하였다. 중립 외교란? 조선이 받들어 모시던 한족의 국가 명과 여진족이 세운 신흥 강대국 후금 사이에서 중립을 지키는 정책이었다. 여진족은 임진왜란으로 명과 조선이 만주 지방에 신경을 쓰지 못하던 틈을 타서 부족 통합을 이루고 후금이라는 나라를 세웠다. 명은 후금이 더 크기 전에 날개를 꺾으려고 원정대를 파견하였고 이때 조선에 공동 출병을 요청해 왔다.

많은 관리들이 아버지 나라인 명의 요청이니 당연히 파병해야 한다고 주장했다. 하지만 광해군의 생각은 달랐다.

임진왜란 때 아버지인 선조 대신 전국 각지를 돌아다니며 전쟁을 독려했던 그는 전쟁이 백성들을 얼마나 힘들게 만드는지 눈으로 직접 목격했다. 그래서 조선 땅이 더 이상 전쟁의 소용돌이에 빠져드는 것을 원치 않았다.

하지만 명의 요청을 드러내 놓고 거절하면 명분을 중시하는 사림 세력들과 한판 전쟁을 치러야 할 것 같았다. 그렇다고 명의 요청대로 병력을 파견하자니 새롭게 성장하는 후금의 침입이 두려웠다.

광해군은 고민 끝에 묘책을 내놨다. 명의 요청대로 군대를 파병하되, 군대를 이끌 강홍립에게 적극적으로 나서지 말고 상황을 봐서 후금과 타협하라고 몰래 당부를 했다. 실제로 강홍립은 광해군의 밀명에 따라 싸우는 척하다가 후금에 항복했다. 명의 요구에도 응하면서 후금도 자극하지 않는 기발한 작전이었다.

이러한 광해군의 중립 외교는 당시 조선의 현실에서 분명 타당한 정책이었다. 그러나 조선의 여론을 주도하고 있던 사림들은 광해군의 이러한 외교 노선에 크게 반발했다. 사림들이 생각하기에 광해군의 정책은 명에 대한 배신 행위였다. 어찌 감히 아버지 나라이며 국난 극복의 은인인 명을 배신하고 오랑캐들과 친하게 지낸단 말인가?

거기다가 광해군에게는 도덕적으로 치명적인 약점이 있었다. 권력을 강화하기 위해 저지른 '폐모살제(廢母殺弟)' 사건이었다. 이 사건은 글자 그대로 어머니를 폐하고 동생을 죽인 사건을 말한다. 광해군은 형제인 임해군과 영창대군, 능창대군을 역모로 몰아 죽이고 계모인 인목대비를 평민으로 만들어 서궁에 가둬 버렸다. 물론 이 사건이 광해군 혼자 저지른 일은 아니었다. 당시의 집권 세력인 대북파[38]가 자신들의 영향력을 확대하고 서자 출신으로 왕위에 올라 공격을 받고 있던 광해군 정권을 안정시키기 위하여 벌인 일이었다.

그러나 대북파의 이러한 행위는 성리학적 명분론에 가득 차 있던 사림들의 반발을 사게 되었고 정권 장악에 목을 매고 있던 서인 측에 쿠데타의 명분을 제공하고 말았다. 서인은 결국 '인조반정'을 단행하여 광해군을 권좌에서 끌어내렸다.

서인 정권은 자신들이 주도한 인조반정을 정당화하기 위하여 광해군을 패륜아, 폭군으로 규정했다. 하지만 광해군의 탁월한 외교 전략은 그가 국제 정세에 눈이 밝은 현명한 군주였음을 입증해 준다.

광해군의 중립 외교 정책이 당시의 정세에서 가장 현실적

38) 대북파 선조 때 사림이 동인과 서인으로 갈라지며 붕당정치가 시작되었다. 동인은 북인과 남인으로, 다시 북인 세력은 현실 인식의 차이로 대북파와 소북파로 분열되었다. 한편 서인은 훗날 노론과 소론으로 분파되었다.

인 외교술이었다는 것은 서인 정권이 들어서면서 추진했던 친명배금 정책의 끔찍한 결과가 입증해 준다. 서인 정권은 수명이 거의 끝나 숨만 겨우 쉬고 있던 명과 친선 관계를 맺고 동북아시아의 새로운 강자로 떠오르던 후금을 배척하는 정책을 폈다. 이 정책은 당연히 후금의 반발을 사서 여진족이 두 차례나 조선 땅을 쳐들어왔다. '호란'이었다. 난이 일어났을 때 인조와 서인 정권은 지레 겁을 집어먹고 강화도로 도망가는 데 급급했을 뿐만 아니라, 인조는 자신이 오랑캐라고 깔보며 하대했던 후금의 왕에게 머리가 땅에 닿도록 조아리며 한 번만 용서해 달라고 통사정을 해야 했다.

그런데도 왜 역사는 광해군을 폭군으로 그리고 있을까?

이 문제는 '역사'라는 학문이 가지고 있는 한계와 밀접한 관련이 있다. 인류의 역사를 살펴보면 '역사'는 대부분 승자의 입장에서 기록된다.

현재 전하고 있는 역사서는 대부분 정부가 주도하여 편찬한 역사책들이다. 이러한 역사책의 문제점은 정권을 잡은 측의 입장만 반영하여 역사를 기록한다는 것이다.

새 정부가 들어서서 자신들의 업적을 기록으로 남긴다고 생각해 보자. 자신들을 돋보이게 하는 방법 중 가장 손쉬운 것은 뭘까? 전임 정부를 사정없이 헐뜯는 것이다. 순조롭게 정권이 교체되어도 그럴진대, 아웅다웅 싸우다가 정권이 교체되었다면 백이면 백 이전 정부를 깎아내린다.

좀 더 쉽게 생각해 보자.

당신이 장콩 선생을 단지 기분 나쁘다는 이유로 사정없이 때렸다. 그 후 그걸 기록으로 남긴다고 가정하자. 당신은 어떻게 기록하겠는가? 본인이 나빴다고 기록할 수 있을까? 모르긴 해도 없는 무용담까지 섞어 가며 승리한 자의 입장에서 당당하게 기록할 것이다. 그리고 자신이 한 일에 대해 정당성을 부여하기 위하여 장콩 선생을 엄청 깎아내릴 것이다.

역사 또한 그렇다. 역사를 기록하는 관리인 사관이 객관적으로 역사를 기록한다고는 하지만, 사관이 승자의 편일 경우 당연히 역사 기록도 승자의 편에서 서술된다.

광해군이 폭군으로 기록된 사연또한 그러하다. 쿠데타를 성공시킨 서인은 자신들이 주도한 인조반정을 정당화하기 위해서 광해군을 패륜아로 몰아붙였고, 그의 외교 정책 또한 배신 행위로 매도했다. 실리를 중시하는 중립 외교는 성리학이 시퍼렇게 살아 있던 당시에는 명분에 어긋나는 배신 행위였을 뿐이다. 따라서 인조 때의 역사가들이 봤을 때 그는 폭군이자 패륜아이며 어리석은 혼군(昏君)39)이었다.

39) 혼군 사리에 어둡고 어리석은 임금.

그러나 현재적 관점에서 광해군을 재해석하면, 그는 전후 복구 사업을 무리 없이 추진했고 탁월한 균형 감각으로 자주 외교를 펼쳤던 명군이다. 역사의 아이러니가 아닐 수 없다.

어찌 보면 광해군이 정권을 담당했던 시기는 IMF 사태 직후 탄생한 '국민의 정부'와 비슷하다. 두 정권 모두 나라가 생긴 이래 최대 위기를 헤쳐 가야 했고, 탁월한 외교적 성과를 거두었으나 잘못된 내치로 인해 어려움을 겪어야 했기 때문이다. 역

광해군의 무덤(경기도 남양주시)

사는 반복되는 것일까?

전쟁이냐 화친이냐

"裂之者(열지자)도 가(可)요, 拾之者(습지자)도 가(可)라."

무슨 뜻일까?

"찢는 사람도 옳고, 줍는 사람도 옳다."라는 말이다. 어떤 일에 극단적인 이견이 발생하여 서로 대립하고 있을 때, "양쪽 모두 일리가 있다."라는 뜻으로 사용된다.

이 말이 나오게 된 배경에는 조선의 역사에서 치욕의 한 페이지를 장식한 여진족과의 전쟁, '호란'이 자리 잡고 있다.

1623년, 쿠데타를 통해 왕위에 오른 인조는 광해군이 추진했던 중립 외교 정책을 버리고, 반정을 주도했던 서인 세력이 추구했던 친명배금 정책을 외교의 기본 노선으로 삼았다.

그러나 당시 동북아시아의 정세는 만주에서 새롭게 성장한 후금이 기세를 떨치고 있었다. 중국 본토를 차지하기 위해 군사력을 강화하고 있던 후금으로서는 명과 친하게 지내는 조선을 꼼짝 못하게 해 놔야 나중에 명과 전쟁을 해도 뒤탈이 없을 것 같았다. 그런 이유로 1627년 후금의 군사들이 조선의 국경선을 쳐들어왔다. 정묘호란이었다. 임진왜란의 상처를 회복하기도 전에 조선 땅은 또다시 전란의 소용돌이 속으로 빠져들었다.

전쟁의 승자는?

말 안 해도 뻔할 뻔 자 아닌가. 당시 조선의 힘으로는 후금을 이겨 낼 수 없었다. 무조건 지는 전쟁이었다. 그럼에도 사대사상에 물든 인조와 집권층인 서인 세력은 죽을 때 죽더라도 오랑캐들에게 머리를 조아릴 수는 없다며 결사 항전을 다짐했었다.

이때 유일하게 자기 목을 걸고 매국노라는 손가락질을 받으며 적과의 화친을 주장하는 사나이 중의 사나이가 있었으니, 그가 바로 최명길이다. 콩 선생이 좋아하는 연예인 최명길과 혼동하지 말기를…….

국난을 맞아 위기에 빠진 조선을 구하기 위하여 외롭게 싸웠던 최명길은 통 큰 남자였다. 그는 조선의 미약한 힘으로는 욱일승천의 기세로 몰아쳐 오는 후금의 군대를 상대할 수 없다고 생각했다. 오직 양국 간의 화해를 통해 조선의 안전을 보장받는 것이 최선의 선택이라며 후금의 요구를 들어주고 화친을 도모하자고 주장했다. 그러나 당시 대부분의 조정 대신들은 그의 주장에 대해 왜란 때 우리를 도와준 명나라를 배신하는 행위이자 도리를 모르는 짐승이나 할 짓이라고 비판하면서 결사 항전을 주장했다. 그 선봉에는 김상헌이 있었다.

과거의 명이 현재는 미국으로만 바뀌었을 뿐 요즘도 서인과 비슷한 주장을 하는 세력이 있는 것을 보면, 인간의 삶이란

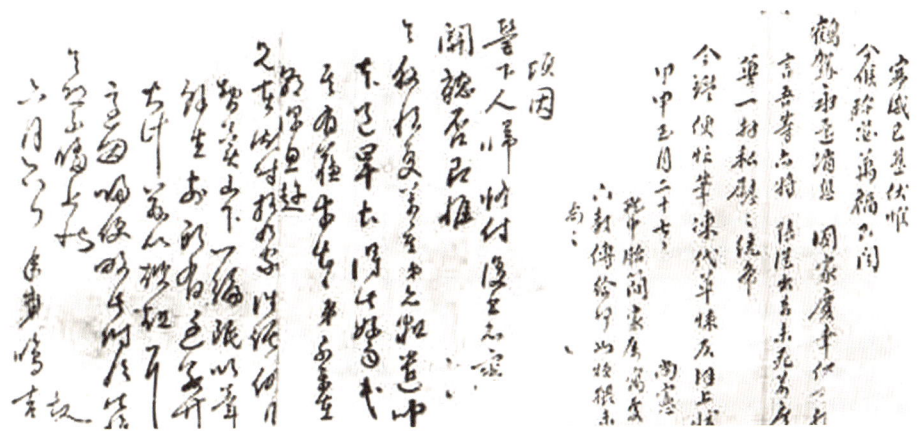

최명길 필적(좌)과 김상헌 필적(우)

다람쥐 쳇바퀴 돌아가듯 비슷하게 반복되는 것 같다. 물론 흐름 자체는 비슷한 것 같아도 시대 여건에 따라 실제 상황은 변하고, 그렇기 때문에 해결책도 옛날과는 달라질 수밖에 없지만 말이다.

전쟁의 결과는 어떻게 되었을까?

조선의 일방적인 패배였다. 말이 전쟁이지, 실상은 여진의 일방적인 공격이었고 조선은 골키퍼만 세운 채 축구를 한 꼴이었다.

명나라에 버금가는 문화민족이라는 자부심에 가득 차 있던 조선은 오랑캐라고 멸시했던 여진족에게 형이라고 불러야 하는 수모를 당했다. 스스로 무덤을 판 결과였다.

상황이 이 정도였으면 조선의 외교 정책은 변해야 마땅했다. 그러나 인조는 아직도 정신을 차리지 못했다. 항복을 하기는 했으나 쥐꼬리보다도 못한 자존심 때문에 정묘호란 이후에도 후금을 배척하고 자극하였다.

당신이 후금의 왕이라면 어찌했겠는가?

청으로 나라 이름을 바꾸고 중국 본토 공격을 본격적으로 추진할 마음이 있던 여진족이 다시 조선으로 쳐들어왔다. 이것이 바로 1636년, 인조 14년에 발생한 병자호란이었다.

만일 최명길의 '화친론'이 정부의 공식 외교 노선으로 채택되었다면 이 전쟁은 일어나지 않았을 것이다. 그러나 그의 목소리는 조정 내에서 힘을 발휘할 수 없었다.

청군이 쳐들어오자 다급해진 인조는 강화도로 들어가서 장기전을 치르려고 했다. 결사 항전을 다짐했으면 몸소 나가서 군대를 지휘하며 싸우는 것이 군주의 진정한 모습일 것이다. 하지만 인조는 지레 겁을 먹고 도망가기에 급급했다.

최종 피난처인 강화도까지 가지도 못했다. 성난 파도처럼 거세게 밀려오는 청군이 강화도 가는 길을 차단해 버리자 인조는 말 머리를 남한산성으로 돌려야 했고, 그곳에서 성문을 굳게 닫아걸고 적에 대항할 수밖에 없었다.

그 결과는?

뭐 이것도 '뻔할 뻔 자'였다. 승산이 전혀 없는 부질없는 전쟁이었을 뿐이다.

인조는 어쩔 수 없이 화친을 청하는 국서를 청군 진영에 보내기로 했다. 말이 화친이지 항복 문서였다. 인조는 최명길에게 국서를 쓰게 했다. 이 소식을 듣고 화친을 배척하고 맞서 싸우자는 '척화주전론'의 대부 김상헌이 비호처럼 달려와서 국서를 찢으며 최명길을 질타했다.

"지천(최명길의 호), 자네 아버님께서는 선비들 사이에서 지조 있는 분이라고 추앙을 받았는데, 자넨 어째 그 모양인가. 하늘에 계신 선친께서 통곡을 하고 계실 것이네!"

그러자 최명길이 대답했다.

"대감께서는 버리셨지만, 저는 도로 주워야 되겠습니다."

최명길은 태연히 김상헌이 찢어 땅바닥에 내팽개친 종이 조각들을 주웠다.

'裂之者(열지자)도 可(가)요, 拾之者(습지자)도 可(가)'였다.

당시 조정의 큰 물줄기는 죽더라도 싸우자는 입장이었기에

청원루(경북 안동시) 김상헌이 '청을 멀리한다.'는 의미에서 집 이름을 청원루(淸遠樓)라 지었다.

김상헌의 행위는 분명 타당했다. 그러나 나라 운명이 풍전등화인데 최명길처럼 실리를 챙기는 자가 없었다면 조선의 운명은 어찌 되었겠는가? 전쟁이 몇 년간 더 지속되어 백성들의 삶은 한층 더 피폐해졌을 것이다.

전쟁과 같은 국가의 시련은 가진 자보다 못 가진 자들에게 더 큰 고통을 준다. IMF 사태 때 직접 체험했고, 지금도 느끼고 있지 않은가? 남한산성 속에서 두더지처럼 살아야 했던 인조와 정부 관리들도 힘들었겠지만, 여진의 말발굽 속에 신음해야 했

던 백성들의 삶은 파탄 직전이었다.

명분과 실리는 동전의 양면과 같은 것이어서 한쪽만이 일방적으로 옳을 수는 없다. 명분이 필요할 때가 있으면 또 어느 시기에는 실리가 필요할 때도 있는 법이다.

'친미냐 반미냐' '북한에 핵이 있느냐 없느냐' '북한 퍼주기냐 아니냐' 하는 것으로 설왕설래하는 요즘의 우리 현실에서 어떤 대북 정책이 우리 민족의 앞날에 더 유리할까?

최명길의 주장 속에 해법은 있다고 본다. 민족의 먼 미래를 생각한다면 민족 동질성을 회복하는 정책을 펴는 것이 우리에게는 실리적이다.

'저놈들, 나쁜 놈들이니까 절대 도와줄 수 없어!'라는 단세포적인 발상은 아무런 도움이 되지 않는다. 과거의 북한이 우리의 경쟁상대로 타도해야 할 대상이었다면, 미래의 북한은 '미워도 다시 한 번'을 외치며, 우리 품에 안고 가야 할 상생의 상대이다.

당리당략만 일삼는 것이 나라를 어떤 길로 인도하는지 조선의 역사에서 이미 배웠지 않은가? 민족 모두를 살리는 길을 선택하는 것만이 현대판 최명길이 되는 길이다. 지금 우리는 최명길 같은 실리주의자가 다수 나와야 하는 시대를 살고 있다.

역사 그루터기

인조와 삼전도비

서울특별시 송파구 석촌동 주택가 안에 비석 하나가 거북이 등 위에 떡 하니 버티고 서 있다. 비가 있는 곳을 지나가는 사람들은 무심히 쳐다보며 스쳐 지나가지만, 이 비석에는 조선 후기 우리 민족의 서글픈 역사가 담겨 있다.

일명 삼전도비로 알려진 이 비의 실제 이름은 '대청황제공덕비'이다. 이름 그대로 풀이하면, '청나라 황제에게 큰 공이 있어 세운 비'라는 것이다. 도대체 얼마나 큰 공이 있었으면 그 은덕에 감사하며 조선 사람들이 비석까지 세워 주었을까? 정말 공이 크기는 했을까?

아니다. 절대 그렇지 않았다. 이 비석은 청나라의 강요로 마지못해 세운 것일 뿐이다.

병자호란이 끝나고 3년 뒤인 인조 17년(1639)에 청나라는 조선이 청에 항복한 것을 인정하는 비석을 세울 것을 강요했다. 조선은 청의 요청을 거절하지 못하고 비석을 만들어 항복했던 자리인 삼전도에 세웠다.

삼전도는 현재 석촌 호수 주변으로, 예전에는 한강변에 있던 삼밭 나루터였다. 병자호란 때 남한산성에서 한 달여를 버틴 인조는 지천 최명길을 중재자 삼아 삼전도에서 청의 태종 홍타이에게 삼배구고두(三拜九叩頭)의 예를 올리며 항복하였다. 삼배구고두는 한 번 절할 때마다 세 번 머리를 땅에 닿도록 조아려 총 세 번 절(삼배)을 하면서 아홉 번 머리를 땅에 찧는(구고두) 행위로 최대한 복속하겠다는 맹세의 표시였다. 명분 때문에 국제 정세의 흐름을 따라가지 못한 조선이 겪은 우리 민족 역사상 최대 치욕을 인조가 당한 것이다.

우리 땅 안에 있어서는 안 될 비이기 때문에 비석의 역사 또한 부침이 심하였다. 1894년 청·일 전쟁으로 청이 조선에서 힘을 상실하자 치욕의 역사를 담고 있는 비를 그대로 놔둘 필요가 없다고 해서 강물에 수장시켜 버렸다. 그러나 일제강점기 시절,

삼전도비.

역사 그루터기

일제는 우리 민족이 다른 민족에게 예속되어 왔던 것을 증명하기 위하여 비를 건져서 본래의 자리에 다시 세워 놓았다. 해방 후 주민들이 다시 이 비를 땅 속에 묻어 버렸는데, 1963년 대홍수 때 그 모습이 드러났다. 문교부(지금의 교육과학기술부)는 치욕의 역사도 역사 교육에 필요하다고 판단하여 원래 서 있던 곳에서 동남쪽인 석촌동으로 옮겨 세웠다. 그러던 것이 송파대로 확장 공사 중에 지금의 장소로 이전해 갔다.

비의 역사가 우리 역사의 흐름을 고스란히 담고 있는 것 같아 어째 뒤통수가 조금 가렵다.

환향녀가 화냥년이 된 사연

장콩 선생이 아주 어렸을 때 이야기이다.

콩 선생 옆집에 욕을 입에 달고 사는 할머니가 한 분 계셨다. 어찌나 욕을 잘하던지 한번 욕을 시작했다 하면 입에 발동기가 달린 것처럼 다양한 욕이 속사포처럼 터져 나왔다. 그런데 그분이 즐겨 사용하던 욕 중에 '화냥년'이란 것이 있었다. 입에 담아서는 안 될 욕이라고 알고 있었기에 누구에게도 물어보지 못했지만, '화냥년이 무엇일까?' 하는 의문은 항시 머리를 맴돌았다. 그러다가 우연히 국어사전에서 화냥년의 말뜻을 접하게 되었다.

서방질을 하는 여자를 속되게 이르는 말.

뜻을 알고 보니 웬걸, 궁금증이 풀리기는커녕 한층 더 커지고 말았다.

왜 서방질하는 여자를 '화냥년'이라고 할까?

콩 선생은 '화냥년'이란 욕의 어원을 찾기 위해 '엄마 찾아 삼만 리'처럼 이곳저곳을 뒤졌지만, 도무지 알아낼 수가 없었다. 그러다 나이 삼십이 넘어 '호란'과 관련된 역사책을 읽으면서 무릎을 탁 칠 수 있었다.

화냥년은 보통 욕이 아니었다. 그 속에는 우리 민족, 특히 조선 여인네의 슬픈 역사가 담겨 있었다.

'화냥녀'의 본말은 '환향녀(還鄕女)'이다. 우리말로 풀어 보면 '고향으로 돌아온 여자'이다. 이처럼 평범하기 짝이 없는 단어가 왜 '이리저리 떠돌아다니며 서방질이나 하는 여자'라는 모욕적인 욕설로 변했을까?

호란이 일어났을 때 여진족은 우리 국토를 황폐화했을 뿐만 아니라 다수의 사람들을 인질로 잡아갔다. 얼마나 많은 수가 끌려갔는지는 확실한 통계가 없지만, 최명길이 인조 16년(1638)에 협상을 통해 조선 땅으로 데리고 들어온 자들이 3만여 명에 이르렀다는 점에서 최소 3만 이상의 조선 사람들이 인질로 잡혀갔음을 알 수 있다.

최명길의 귀국은 조선 전역을 떠들썩하게 했다. 영영 이별이라고 생각했던 내 아들 내 딸이 다시 돌아온 것이다. 사람들은 두 손 번쩍 들어 이들을 환영하였다.

그런데 문제는 여기에서 발생했다. 전란 중에 청에 끌려갔던 사람들이 전부 평민들은 아니었다. 그들 중에는 사대부가의 여인들도 다수 있었다.

당시 사회에서 정절은 여자가 지녀야 할 최고의 덕목이었다. 비록 전란 중에 불가항력적으로 적국에 끌려가 욕을 당한 여인들이었지만, 그들이 죽지 않고 살아 돌아온 것은 사대부가의 여인으로서는 이미 부적격이었다. 당시 우의정이었던 장유마저 청에서 돌아온 며느리를 받아들이지 않았을 정도였다.

환향녀들은 절망했다. 천신만고 끝에 고국산천을 다시 찾았으나, 이미 고향땅은 예전의 따뜻했던 곳이 아니었다. 버림받은 여인들은 죽어 가기 시작했다. 길가에는 환향녀들의 시체가 즐비했다.

이들의 딱한 사정을 안 최명길이 인조에게 건의했다.

"전하, 비록 환향녀들이 절개를 잃고 몸을 망쳤다고는 하오나, 이는 스스로 음행을 자행한 것이 아니옵고, 극심했던 전란으로 부득이한 상황에서 비롯한 것이라고 여겨집니다. 신이 차마 입에 담기 민망하오나, 나라에 힘이 있었던들 어찌 이 같은 일이 있었겠습니까?"

그러면서 그는 각 고을에 강을 하나 지정하게 하고, 정해진 날에 환향녀들로 하여금 강물에 몸을 씻게 한 후 각 집안이 그들을 따뜻하게 맞아들이도록 하자고 제안했다.

인조는 탄식을 하면서 최명길의 의견을 받아 들여 그렇게 할 것을 명하였다.

양반가에서는 울며 겨자 먹기로 인조의 명을 따를 수밖에 없었다. 그러나 이미 '환향녀'는 '화냥년'으로 변하여 '절개가 없는 여자'를 상징하는 단어가 되어 버렸다.

힘없는 나라의 힘없는 백성들이 당한 수모였다.

결국 화냥년은 지배층의 잘못된 판단으로 치러진 무의미한 전쟁 때문에 고초를 겪은 조선 여인네들의 한을 담고 있는 욕이었던 것이다.

간도는 누구의 땅인가

울릉도 동남쪽 뱃길 따라 이백 리 외로운 섬 하나 새들의 고향
그 누가 아무리 자기네 땅이라고 우겨도 독도는 우리 땅!

경상북도 울릉군 남면도동 일 번지 동경 백삼십이 북위 삼십칠
평균기온 십이도 강수량은 천삼백 독도는 우리 땅!

오징어 꼴뚜기 대구명태 거북이 연어 알 물새 알 해녀대합실 십칠만 평방미터 우물 하나 분화구 독도는 우리 땅!

지증왕 십삼 년 섬나라 우산국 세종실록지리지 오십 페이지 셋째 줄
하와이는 미국 땅 대마도는 일본 땅 독도는 우리 땅!

러·일 전쟁 직후에 임자 없는 섬이라고 억지로 우기면 정말 곤란해
신라장군 이사부 지하에서 웃는다 독도는 우리 땅!

일본이 한 번씩 독도가 자기네들 땅이라고 억지를 부리면 반드시 라디오 전파를 타는 노래 〈독도는 우리 땅〉이다.

여러 자료가 입증해 주듯 독도가 우리 영토임이 분명한데도 자기들 땅이라고 우기는 것을 보면, 일본인들의 뱃속에는 심술보가 하나 더 들어 있나 보다. 물론 양심에 털 달린 일본 사람의 주장에 우리가 현혹될 필요는 없다. 분명 독도는 우리 땅이니까.

증거를 댈 수 있냐고?

물론이다. 책 한 권을 쓸 정도로 다양한 증거를 댈 수 있으니, 독도는 우리 땅이라고 당당하게 일본 애들에게 주장하자.

고려 전기의 유학자 김부식이 편찬한 『삼국사기』에 신라 지증왕 13년(512)에 우산국이 신라에 병합되었다는 사실이 기록되어 있고, 이러한 기록은 『세종실록지리지』『만기요람』『증보문헌비고』 등에서도 발견된다. 반면에 일본 측에서는 현재까지도 독도가 일본 땅이라는 명백한 역사 자료가 나오지 않고 있다. 오히려 독도가 우리 영토였다는 자료만 상당수 조사되고 있다. 이것만 봐도 독도는 우리 땅이 분명하니 안심하고 이제는 간도로 눈을 돌려 보자.

간도는 현재 중국 땅으로, 중국에서 조선족이라고 부르는 우리 민족이 많이 살고 있는 두만강 북쪽 지역을 일컫는다. 조금 더 자세히 설명하자면, 남쪽은 두만강을 사이에 두고 북한과 접하고 있으며, 동쪽은 러시아의 연해주와 경계선을 접하고 있

간도 지역

는 땅이라고 할 수 있다.

동북아시아 지도를 보면 이 땅은 분명 섬이 아니다. 북한 땅과 두만강을 사이에 두고 있는 만주 대륙의 일부이다. 그런데도 한자로 '사이 간(間)', '섬 도(島)'를 써서 '간도'라 하고 있다.

섬이 아닌데 섬이라고 부른다니 이상한 일이다.
그 이유가 뭘까?

이 지역은 본래 여진족이 말 달리며 유목 생활을 하던 곳이다. 누르하치라는 족장이 임진왜란으로 인해 명나라와 조선의 감시가 소홀해진 틈을 타서 이곳에서 힘을 길러 여진족을 통일, 명을 멸하고 중국 전체를 차지하였다. 중국의 마지막 왕조 청나라의 탄생이었다.

청은 수도를 베이징으로 옮긴 이후에 이곳을 자신들의 뿌리가 되는 곳이라 하여 신성 구역으로 설정하고 개미 새끼 한 마리 들어가지 못하게 통제하였다. 당연히 이 지역은 내륙 속의 섬처럼 되고 말았고 이때부터 사람들은 조선과 청 사이에 있는 섬과 같은 땅이라고 하여 간도라고 불렀다.

조선 말기의 조정은 '간도는 우리 땅'이라고 주장하면서 청의 반환 요청에도 불구하고 간도를 끝까지 우리 땅으로 관리하였다.

병자호란 이후 청을 아버지 나라로 받들어 모셔야 했던 조선이 '간덩이가 부었구나!' 하고 생각하겠지만, 여기에는 그럴 만한 이유가 있으니 콩 선생의 얘기를 조금 더 들어 보아라.

청과 조선 사이에 간도 영유권 분쟁이 발생한 것은 숙종 38년(1712) 청의 제의에 의해 국경선을 설정하면서부터였다. 청의 출입금지 조치에도 불구하고 농경민족인 조선 사람들, 특히 함경도 사람들이 기름진 이 지역을 가만 놔두지 않았다. 조선인들은 청의 감시가 소홀한 틈을 타서 두만강을 넘어가 이곳에 농사를 지으며 정착했다. 이에 청은 경계를 확실히 하기 위하여 국경선 조사를 조선에 제의하였고, 조선은 박권을 대표로 보내 청의 대표인 목극등과 국경 지역을 답사하고 청과 조선 사이의 국경선을 확정하도록 했다. 그리고 그 결과를 비에 새겨 백두산에 세워 놓았으니, 그것이 바로 백두산 정계비였다.

정계비의 내용은 양측의 국경을 "서쪽으로는 압록강으로 하고, 동쪽으로는 토문강으로 한다〔西爲鴨綠 東爲土門〕."는 것이었다. 이후 양국은 약 160여 년간을 별문제 없이 지내 왔다. 그런데 청의 힘이 약화되는 19세기 중엽에 들어서면서 청의 감시가 소홀한 틈을 타서 조선인들의 간도 지역 토지 개간이 한층 심해졌다. 이에 청은 토문강은 두만강의 다른 이름이므로 간도는 자기

백두산 정계비 일제가 만주 사변(1931) 때 강제 철거하여 현재는 터만 남아 있다.

들 영토라면서 조선인들을 철수시켜 달라고 조선에 정식으로 요청해 왔다.

조선은 이 문제를 해결하기 위하여 1883년 어윤중을 간도로 보내 현지 실정을 조사했다. 어윤중은 간도 지방을 시찰하여 토문강이 송화강의 상류에 있는 작은 강임을 밝혀내고 정부에 보고했다. 이를 통보받은 조선 정부는 '간도는 우리 땅'임을 청나라 정부에 공식적으로 선언했다.

청도 순순히 물러서지 않았다. 두 나라는 1885년과 1887년이 문제를 해결하기 위하여 두 번에 걸쳐 회담을 열었다. 이때 청나라 대표는 조선을 한 수 아래로 깔보며 간도는 청나라 땅이라고 강하게 주장했다. 그러자 조선 측 대표로 참석했던 이중하는 "내 목을 자를 수는 있어도 우리 땅은 한 치도 줄일 수가 없다〔此頭斷 國土不可縮〕."라고 말하며 사생결단의 의지를 밝혔다.

그런데 이런 문제가 왜 발생했을까?

이미 오래전에 국경선을 양국 관리가 협의하여 설정했고 백두산 정계비에 그 내용이 다 나와 있는데도 국경선 다툼이 벌어졌다는 것이 이해하기 힘들다.

그 이유는 백두산 정계비에 나와 있는 토문강의 위치가 100여 년이 지나는 동안 불분명해졌기 때문이다. 청은 두만강이 토문강이라고 주장했다. 반면에 조선 측은 토문강은 역대 여러 문헌으로 보았을 때 두만강과는 엄연히 다른 별개의 강으로 송화강의 상류를 흐르는 작은 강이 분명하다고 주장했다.

중국의 『전요지』에 토문강을 토문하(土門河)로 기재하여 송화강의 원류라고 밝히고 있고, 정약용은 『조선강역지』에 토문강을 송화강의 상류로 표시해 놨다. 또한 「백두산 정계비도」에도 토문강 줄기가 송화강으로 이어지고 있는 것으로 표시되어 있으며, 영조 30년(1754)에 만들어진 「관북총람원도」에는 조선과 중국의 국경을 송화강 일대로 표시하고 있다.

따라서 조선 측의 주장은 발음상 유사하다는 이유만 가지고 자기들 땅이라 주장하는 청에 비하여 지극히 객관적임을 알 수 있다. 또한 이러한 이유 때문에 조선은 청의 반발에도 불구하고 간도를 조선의 영역으로 줄곧 관리해 온 것이다.

그러던 간도가 갑자기 청의 영토가 되고 말았다.
언제, 누가 간도를 청의 영토로 인정해 주었을까?
아쉽게도 여기에는 일본의 입김이 작용했다. 일본이 자신들의 이익을 위하여 간도를 청에 넘겨준 것이다.

1905년 을사늑약[40]을 강제로 체결하여 우리의 외교권을 강탈해 간 일본은 압록강 하류에 있는 도시인 안동(현재 중국 요령성

[40) **을사늑약** 1905년에 체결된 을사조약은 일제의 강요에 의해 억지로 체결되었기에 '을사조약'이라 말하기보다는 '을사늑약'이라 해야 타당하다. '늑약'은 억지로 맺어진 조약을 말한다.

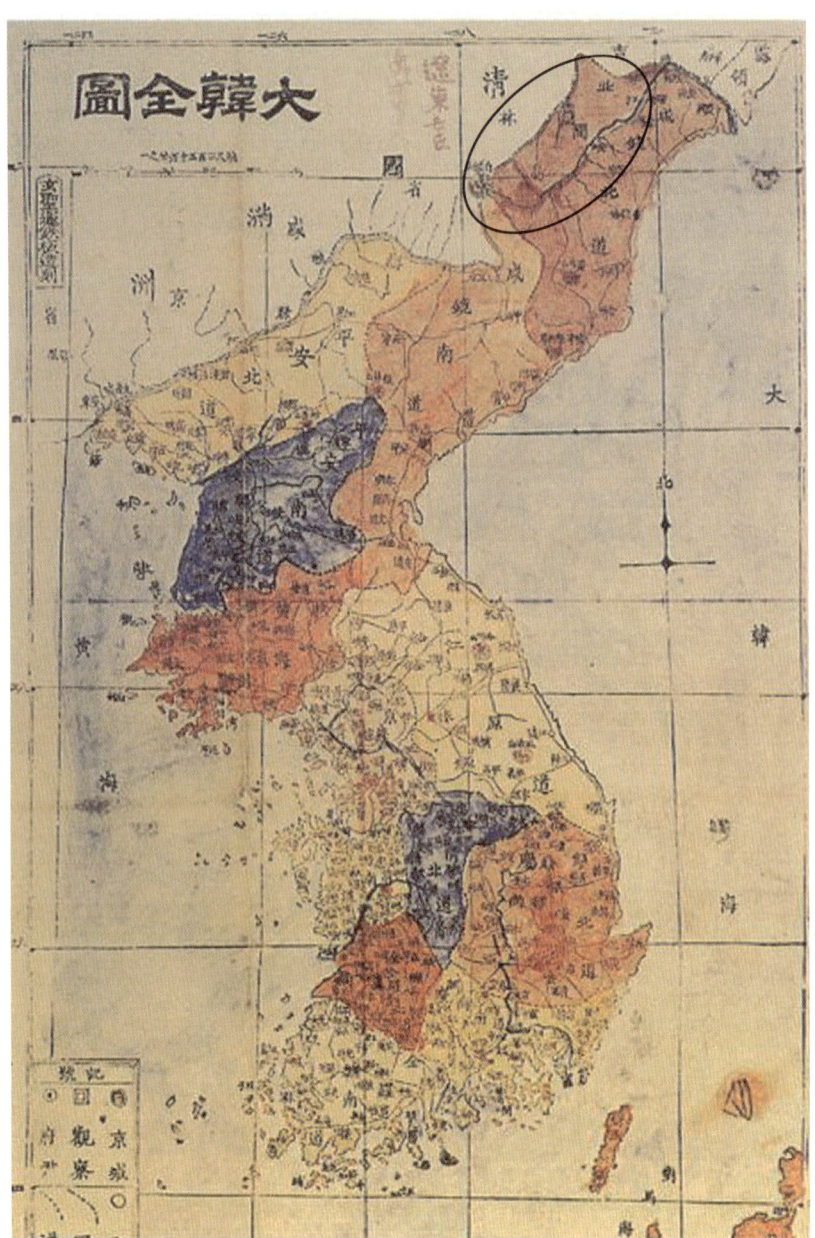

「대한신지지부지도」철판본에 실린「대한전도」1907년에 제작된 350만:1 지도이다. 이 지도에는 북간도가 함경북도 내에 있다.

단동시)에서 봉천(현재 요령성 심양시)을 잇는 철도 부설권을 가져가는 대가로 1909년 간도협약을 체결하여 간도를 청의 땅으로 인정해 주고 말았다. 1909년이면 일본에 의해 우리 국토가 강제로 병합당하기 1년 전이니, 일본의 이러한 행위는 분명 횡포라고 할 수 있다.

물론 일본도 간도협약 체결 전까지는 간도를 조선의 영토로 인정했다. 청의 간도 영유권 주장에 대하여 일본은 "역사상 두만강 북쪽은 조선의 발상지이며, 일찍이 이 지방 일대는 조선에 의지하고 있었다. 또한 지금도 조선의 유적이 많으며, 주민의 거주 시기도 청나라 사람들보다 빨랐을 뿐 아니라 거주민 수도 훨씬 많다. 그리고 정계비를 세운 후에 청나라 사람이 두만강 연안의 땅을 개간하려 할 때 조선의 항의를 받아 청이 이를 철거한 예가 있다."라고 하였다. 또한 "간도는 조・청 양국의 어느 한쪽에도 속하지 않는 자연적으로 형성된 무인 중립지대였는데, 이미 압록강 연안을 청의 영토로 한 이상 두만강 연안은 조선의 영토로 하는 것이 공평하다."라고 하면서 우리의 영토로 관리했다. 그러던 일본이 대륙 진출을 하기 위한 수단으로 안동-봉천 철도 부설권을 청으로부터 얻는 대신 간도를 청에 넘겨준 것이다. 아쉽고도 분할 따름이다.

그러나 우리의 노력 여하에 따라 간도가 우리 땅이 될 날이 올 수도 있다. 그날을 위하여 우리는 간도가 우리 땅이라는 주장을 논리적으로 전개할 수 있도록 간도 연구에 박차를 가해야 한다.

2000년대 들어와 중국은 발해사를 '당나라의 지방 정권'으로 이해하는 차원을 넘어 고구려사마저 자기들 땅에 살았던 소수민족의 역사로 파악하려 하고 있다.

중국의 변중(邊衆)이란 학자는 자국 신문인 「광명일보」에 "고구려 역사 연구의 몇 가지 문제에 대한 시론"을 발표하여 "고구려 민족이 중국 동북 지역 역사에 등장한 하나의 민족이었고, 고구려 정권은 중국 동북 지역 역사에 등장한 변경민족의 정권으로 생각한다."라고 주장하였다. 그러면서 그 근거로 "①

고구려 민족이 수도를 바꿔 가며 중국의 동북 지역에서 활동했고 ② 고구려가 중국 중앙 왕조의 책봉을 받고 조공을 바치는 등 중국으로부터 독립을 원하지 않았으며 ③ 왕씨(王氏) 고려가 성씨가 다른 고씨(高氏)의 고구려를 계승했다고 볼 수 없기 때문이다."를 들었다.

이에 대해 서울대 국사학과 노태돈 교수는 "① 고구려의 활동 무대가 지금의 중국 영토 내에 존재하기 때문에 중국사라고 주장하는 것은 현재를 중심으로 과거를 규정지으려는 오류이고 ② 조공과 책봉의 관계를 지나치게 일방적으로 이해했으며 ③ 성씨 계승으로 한 나라의 역사가 이어진다고 볼 수 없다."라고 비판하면서 고구려사는 우리 민족의 역사라고 주장하였다. 그러나 중국은 앞으로도 줄곧 고구려사를 자신들의 역사라고 억지를 부릴 것이다.

결국 이 문제는 '역사의 현재성' 때문에 발생한 것이다. 과거의 역사적 사실이 과거에만 국한되고 현재와 미래에 영향을 미치지 않는다면, 중국도 무리수를 두면서까지 고구려사를 중국사에 편입하려고 시도하지는 않았을 것이다. 그러나 중국은 만주라는 광활한 지역을 역사적으로 확실히 자신들의 영역으로 해 두지 않으면 언젠가는 그게 빌미가 되어 우리와 영토 분쟁이 발생할지도 모른다는 장기적인 관점에서 발해사와 고구려사를 자신들의 입맛에 맞게 재구성하고 있는 것이다.

이에 대해 우리는 어떻게 대처할 것인가?

우리 또한 우리 민족의 시각으로 고구려사와 발해사를 재정립하여 중국의 논리를 조목조목 반박해야 한다. 그래야만 우리 민족이 말 타고 돌아다녔던 광활한 만주가 다시 우리 민족사의 중심으로 편입될 수 있는 것이다.

 **역사 그루터기**

중국의 '동북공정'이 노리는 꼼수

'동북공정'을 통해서 시도된 고구려사 왜곡이 현재는 왜곡 단계를 넘어 고구려사 자체를 완전히 자기들 땅에 있던 소수민족의 역사로 편입시키는 지경에까지 이르렀다. 그러고는 우리가 반발하는데도 나 몰라라 하면서 뒷짐만 지고 있다.

이거 참! 문제가 심각해도 보통 심각한 것이 아니다. 광개토대왕, 장수왕, 을지문덕 장군이 모두 중국 사람이라니……. 우리 민족의 입장에서 분통이 터질 일이다. 그렇다고 해서 딱히 중국의 역사 왜곡에 제동을 걸 방법이 없으니 난감하기만 하다.

도대체 '동북공정'은 뭘까?
왜 중국은 더불어 살아야 할 주변 민족과 갈등을 자초하면서까지 역사를 왜곡하려 들까?

역사 그루터기

동북공정이란 '동북변강역사여현상계열연구공정(東北邊疆歷史與現狀系列研究工程)'의 줄임말로서, 중국 동북 변경 지방의 역사와 현황에 대한 일련의 연구 작업을 뜻한다. 2002년부터 2006년까지 5년 계획으로 중국 사회과학원 소속 변강사지연구중심이 주관이 되어 추진했는데, 고대 중국의 국경선 연구, 동북 지방사 연구, 동북 민족사 연구, 고조선·고구려·발해사 연구, 중·조 관계사 연구, 중국 동북 변경과 러시아 극동 지역의 정치·경제 관계사 연구, 동북 변경의 사회 안정 전략 연구, 조선 반도의 형세 변화와 그것이 중국 동북 변경 지역의 안정에 미치는 영향 연구 등 고대로부터 현대에 이르기까지 중국의 동북 지역 및 한반도와 관련된 다양한 분야를 포괄하고 있다.

중국의 학자들 중 일부는 고구려를 중국의 소수민족이 세운 지방 정권이라고 지속적으로 주장해 왔다. 동북공정은 바로 이러한 주장을 중국 정부 차원에서 지원하여 본격적으로 연구하도록 하는 것이다. 또한 고구려사뿐만 아니라 고조선사와 발해사까지도 한국사의 영역에서 제외하고 있으므로 중국의 주장을 인정한다면 우리 민족의 역사는 시간적으로는 2,000년, 공간적으로 한강 이남에 국한된다. 이는 우리 민족의 입장에서 볼 때 도저히 묵과할 수 없는 중차대한 문제이다.

중국이 막대한 예산을 들여 동북공정을 추진했던 이유는 다음과 같다.
첫째, 동북 지역의 전략적 가치가 증대됨에 따라 이 지역에 대한 역사적 연고권을 주장하려는 속셈이다. 사전에 이 지역의 역사를 중국사로 공언해 둠으로써 북한의 붕괴나 남북통일 등 향후의 상황 변화에 대비하려는 것이다.
둘째, 통일 한국의 만주 지역에 대한 영향력 확대를 미리 차단하려는 의도와 함께 더 나아가 과도기 한반도에 대한 개입 여지를 확보해 두려는 사전 포석이다. 또한 향후 중국 중심의 동아시아 공동체를 구성하기 위한 정지작업이기도 하다. "누가 동북아시아의 맹주 자리를 차지할 것인가?" 중국은 이 점을 염두에 두고 동북공정을 통하여 조직적인 역사 왜곡을 진행해 나가고 있는 것이다.

적을 알고 나를 알면 백 번 싸워 백 번 이긴다고 했다.
중국의 동북공정이 명백히 그들만의 이익을 위해 추진되고 있다면, 우리 또한 대응책을 확실히 세워 중국이 마음대로 동북아시아 정세를 요리하지 못하게 해야 한다.
중국의 억지 주장에 맞설 수 있는 힘을 기르기 위해 우리는 무엇을 해야 할까? 가장 시급한 것은 우리 민족이 하나로 뭉칠 수 있는 '평화 통일'이 아닐까? 콩 선생이 생각하기에는 이게 가장 먼저일 것 같다. 어떻게 생각하는가?

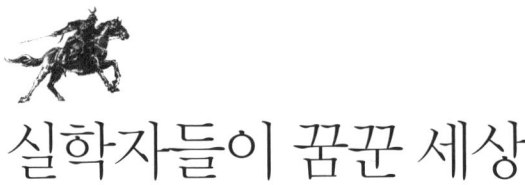

실학자들이 꿈꾼 세상

실학이란 무엇인가

조선의 정치 이념으로 채택되어 새로운 사회를 이끌었던 성리학도 100년, 200년이 지나면서 형식화되어 현실 사회의 어려움을 해결하는 능력을 상실하였다. 이러한 때에 이론과 형식에만 치우치는 성리학을 비판하면서 사회 모순을 해결하는 데 적극적인 실용적이고 실증적인 학문이 등장하였으니, 이를 '실학'이라 한다.

17세기 후반부터 나타난 실학자들은 당시의 집권 세력인 노론에서도 일부 나왔으나, 대부분은 정권에서 오래전에 밀려나 향촌에서 농민들과 함께 부대끼며 생활했던 남인에서 많이 나왔다. 이들은 여러 가지 사회 모순을 개혁하기 위한 방안을 제시하며 역사학, 지리학, 자연과학, 농학과 같은 다양한 방면에서 연구 활동을 활발히 전개하였다.

실학의 선구자는 이수광과 김육으로, 이수광은 백과사전인 『지봉유설』을 지어 우리나라와 중국의 문화 전통을 폭넓게 정리하였다. 반면에 김육은 대동법[41]을 확대 실시하고 동전 사용을 확산시키는 데 힘썼다.

41) 대동법 공물(특산물)로 내던 세금을 쌀로 내게 한 법.

한편, 18세기에 들어와 실학자들은 크게 두 개 파로 나뉘어 사회 개혁안을 제시하였다. 농업을 중시하여 토지 제도를 개혁해야 한다고 주장하던 중농학파와 상공업 발전과 기술 개발에 힘을 기울여야 한다고 주장한 중상학파가 바로 그들이었다.

토지 제도 개혁으로 농촌을 살리자

농업을 중시한 중농학파는 토지를 농민들이 실제 경작할 수 있도록 제도를 개선하는 것이 사회 개혁의 핵심이라 보고 각종 개혁안들을 제시하였다.

유형원은 선비, 농민, 수공업자, 상인들에게 차별을 두어 토지를 나누어 주자는 '균전제'를 주장하였다.

이익은 전국의 모든 집에 먹고살 만큼의 땅을 지급하고 이 땅은 절대 팔지 못하게 하되, 나머지 땅은 매매를 허용하여 점진적으로 토지 소유의 평등을 이루어 가자고 주장하였다. 이익의 이러한 주장을 '한전제'라고 한다.

정약용은 '여전제'를 주장하였다. 이 제도는 마을 단위로 토지를 나누고 마을 사람들이 공동으로 경작을 하여 수확기가 되면 각자의 노동량에 따라 수확물을 나누자는 것이다. 그러나 정약용은 여전제가 실현되기 위해서는 양반 지주들이 자신의 땅을 과감히 포기해야 하는데, 그러기는 현실적으로 어렵기 때문에 여전제 실시가 불가능하다고 보았다. 그래서 그는 말년에 그보다 현실적인 방안으로 정전제를 주장하였다. 정전제는 중국 주나라에서 실시한 토지 제도로 토지를 '우물 정(井)'자 형태로 나누어 8명의 농부가 각자 자기에게 분할된 땅을 경작하고, 가운데 땅은 공동으로 경작하여 나라에 세금으로 바치자는 것이다. 이와 같이 중농학파는 경작하는 농민 위주로 토지를 분배하여 피폐해진 농촌을 되살리려 했다.

여기서 잠깐! 질문을 하나 하겠다.

중농학파들은 어떻게 해서 농민 위주의 토지 분배책을 주장하게 되었을까?

이익이나 정약용은 양반이었다. 그런데도 이들의 주장은 철저히 농민 중심적이다. 어떻게 그럴 수 있었을까?

중농학파는 일찍이 중앙의 권력에서 밀려나 농촌에 정착한 남인들이 대부분이었다. 따라서 이들은 양반 지주들 등살에 허리 펼 날이 없었던 농민들의 사정에 밝았고, 또 자신들이 직접 농사를 짓기도 했던 사람들이었다. 그래서 이들은 농민들의 어려운 처지를 잘 알고 있었고, 농촌 사회의 안정을 위해서는 토지 분배 문제가 최우선적으로 해결되어야 한다고 생각했던 것이다.

상공업 육성으로 부국강병을 이루자

중상학파는 나라가 부강해지려면 상공업이 발전해야 한다고 생각하여 상공업 육성 방안을 제시했던 사람들이다. 이들은 농촌에서 일생을 보낸 중농학파와는 달리 한양의 도시적 분위기에서 성장한 사람들로, 상공업이 발전하여 나라가 부강해지면 자연히 농민들의 생활도 나아진다고 생각했다. 더 나아가 농촌에서 먹고살기 힘든 사람들은 도시로 이주해 장사를 하면 잘살 수 있다고 주장하였다.

중상학파는 대부분 집권 세력인 노론에서 나왔다. 이들은 비록 높은 관직은 아니었더라도 관직에 몸담고 있거나 과거 몸담았던 사람들로서, 청나라에 사신으로 가서 청나라의 발달된 문물에 자극을 받고 온 사람들이었다.

이 학파를 대표하는 실학자들은 유수원, 홍대용, 박지원, 박제가이다.

먼저 유수원은 상인들이 서로 협동하여 대자본을 만든 다음 생산과 판매를 직접 해서 상공업을 활성화해야 한다고 주장하였다.

홍대용은 성리학 극복과 기술 문화의 혁신이 상공업 발전의 핵심이라고 주장하였다. 특히 그는 성리학이 사·농·공·상의 신분제를 인정하고 있고 농업보다 상공업을 천시하기 때문에 나라가 발전하지 못한다고 생각하여 성리학의 극복을 강하게 주장했다.

『양반전』으로 유명한 박지원은 수레나 선박의 이용과 함께 화폐의 사용을 적극적으로 주장하였다. 그의 상공업 육성에 대한 생각은 소설 『허생전』에 잘 나타나 있다. 박지원은 『허생전』에서 유통경제의 흐름을 장악하는 것만으로도 큰돈을 벌 수 있음을 보여 주며, 상공업이 부국강병의 근본임을 역설하였다.

박제가는 상공업이 발전한 청나라와 통상을 강화하여 부국강병을 이루어야 한다고 주장했다. 또한 그는 소비와 생산의 관계를 우물물에 비유하여 소비가 생산의 촉진제임을 강조하였다. "우물 속의 물은 계속 퍼내도 조금 있으면 다시 차지만, 퍼내지 않고 그대로 두면 썩기만 한다."라고 설명하면서 적당한 소비가 생산을 활성화하여 상공업을 발전시킨다는, 당시로서는 파격적인 상공업 육성 방안을 주장하였다.

이처럼 중상적 실학사상은 부국강병을 실현하는 데 상공업 발전이 필수임을 역설하였으며, 청을 정벌하자는 '북벌'과는 완전히 다르게 청의 발달한 문물을 받아들여 나라 발전에 활용하자는 주장을 펼쳤다. 그래서 이들을 북학파라고 한다. 여기서 '북학'은 청의 학문과 발달된 기술을 말한다.

국학에서 이룬 소중한 성과

실학자들은 사회 현실에 대한 관심과 비판의식을 가지고 있어서 자연스럽게 우리의 역사, 지리, 언어, 풍속을 관심을 가지고 연구하였다.

　안정복은 고조선부터 고려 말까지의 우리 역사를 체계적으로 정리한 『동사강목』을 지었다. 유득공은 발해를 우리 역사 속에서 다룬 『발해고』를 남겼는데, 남쪽에 통일신라가 있을 때에 북쪽에는 발해가 있었으므로 이를 '남북국시대'라고 불러야 한다고 주장하여 우리 민족의 활동 무대를 만주까지 확장했다.

이중환은 우리나라의 지리적 환경과 각 지역의 경제 및 풍속을 상세히 조사한 지리책인 『택리지』를 저술하였으며, 정상기는 우리나라 최초로 100리를 한 자로 축소한 「동국지도」를 만들어 우리나라 지도 제작의 수준을 한 단계 높였다. 김정호는 우리 산천과 교통로를 자세히 표시한 「대동여지도」를 만들어 상업 발달로 상권이 확대되면서 교통로에 관심이 높았던 당시 사람들에게 큰 도움을 주었다.

국어학 분야에서는 신경준이 『훈민정음 운해』를 남겼고, 유희는 『언문지』를 써서 한글의 우수성을 알렸다.

의학 분야에서는 광해군 때 허준이 우리 산천에서 나는 약재로 사람을 치료하는 방법을 쓴 『동의보감』을 편찬하여 우리나라뿐만 아니라 중국, 일본의 의학 발전에 영향을 주었다.

19세기 후반 이제마는 사람의 체질을 태양인, 태음인, 소양인, 소음인으로 나누고, 각 체질에 맞는 처방을 해야 한다는 '사상의학설'을 주장하여 우리나라 의술을 한 단계 끌어올렸다.

다산 정약용 선생을 그리며

다산 정약용 선생은 장콩 선생이 가장 존경하는 역사 속 인물이다. 그에게서 콩 선생은 학문하는 사람의 열정과 기쁨을 배웠으며, 더불어 살아가는 것이 인간의 도리임을 깨달았다.

만약 콩 선생에게 타인을 배려하고 그들과 함께 살아가려는 마음이 조금이라도 있다면, 그것은 역사 속 스승 다산 선생과 남에 대한 배려심이 남달랐던 어머니 덕분이다.

다산 선생의 삶과 학문에 대해서는 여기에 구차스럽게 열

다산 정약용 동상

거하지 않겠다. 콩 선생이 바치는 그에 대한 헌사를 통해 다산의 삶을 마음속의 도화지에 직접 그려 보기 바란다.

다산초당을 찾아서

전남 강진군 도암면 귤동마을, 동네 어귀에 차를 세우고 마을길로 들어선다.

유자나무가 많았던 동네라 '귤 귤(橘)' 자에 '동네 동(洞)' 자를 써서 '귤동'이라 했다는데, 유자나무는 보이지 않고 인정 많고 순박한 전라도 사람의 마음을 닮은 낮은 산 하나가 마을 뒤편에서 지나가는 길손을 부르고 있다.

솔숲 사이로 난 오솔길을 따라 올라가면 초당이 보이리라.

나는 옷깃을 여미며 산길을 오른다.

혜곡 최순우 선생은 부석사 무량수전을 쳐다보며 '사무치는 그리움'을 느꼈다는데, 나는 초당을 오르는 오솔길을 밟으며 그리움에 사무친다. 매년 방학 때면 어김없이 오는 곳이건만 다산의 학문에 사무치고, 그의 불행했던 삶에 사무치고, 그의 애민 정신에 사무친다.

그는 누구를 위해 그 많은 책들을 썼던가? 노자가 동시대의 인물이었다면 "뭔 염병 났다고 그 고생을 하며 쓸데없는 일을 한다냐?" 하지 않았을까 싶어 절로 웃음이 나온다. 부정과 비리가 횡행하던 세도정치하에서 한 자루 붓으로 피폐했던 농촌 현실을 고발하려 했던 다산의 열정이 편하게만 살려 하는 내게 경종을 울린다.

초당이 보인다.

실학의 거봉 다산 정약용은 강진에 유배를 내려와 18년을 보내면서 자신의 학문과 사상을 집대성하였다. 정조의 총애를 받아 관리로서 출세 길이 창창하기만 하던 그가 천주교 박해 사건에 연루되어 이곳에 온 것이 1801년이었다. 둘째 형 정약전과 함께 나주 밤나무골 삼거리까지 와서 형은 흑산도로, 자신은 강진으로 갈라져 기약 없는 유배 생활을 시작하였다.

본래 다산은 강진읍 동문 밖에 기거했으나 먼 친척이 되는 해남 윤씨 윤단의 배려로 이곳에 자리를 잡고 제자를 양성하면서 불후의 명저 3부작 『목민심서』 『흠흠신서』 『경세유표』를 비롯한 수많은 글들을 세상에 내보냈다.

다산 초당은 강진만이 한눈에 보이는 만덕산 중턱에 자리 잡고 있다. 다산이 제자를 가르쳤던 초당과 집필실로 이용했던 동암 그리고 다산이 흑산도로 유배를 떠난 형 약전과 가족을 그리며 자주 섰다는 바위에 세운 천일각이 지나가는 길손을 반긴다.

천일각에서 남쪽 바다를 내려다본다. 나는 경치에 반해 넋을 놓았지만, 다산은 이곳 바위 위에 서서 가족과 생이별한 자신의 신세를 한탄하고 자기와 처지가 비슷한 형의 안부를 걱정했다고 한다.

초당에는 추사 김정희 선생의 글씨를 집자하여 새긴 '다산초당' 현판과 추사 선생이 직접 쓴 것을 새긴 '보정산방' 현판이 나란히 걸려 있다. '보정산방'은 '정약용을 보배롭게 모시는 방'이라는 뜻으로 글자의 구성과 획의 움직임에서 추사 중년의 완숙미가 그대로 드러난다. 다산이 집필실로 사용했던 동암의 현판은 다산의 글씨를 집자하여 만든 것으로 단정하게 써진 글씨가 다산의 올곧은 선비 정신을 담고 있는 듯하다.

초당 뒤 바위 절벽에 다산이 직접 새긴 '정석(丁石)'이 있어 이곳을 찾는 객들에게 다산의 말을 전하고 있다.
'다산의 돌.'
다산은 정을 들고 글자를 새기며 무슨 생각을 했을까?

42) **적조** 서로 연락이 끊겨 오랫동안 소식이 막힘.

한창 활동할 나이에 타의로 적조(積阻)⁴²⁾해야 했던 자신의 심사를 바위에 새긴 것은 아닐까?

다산 덕분에 맛 들인 차(茶)가 벌써 30여 년째이다.

오늘의 나는 다산에게서 무엇을 배울 것인가?

선생의 길을 걸어가는 나에게 다산은 무어라고 말해 줄 것인가?

다산의 말없음에 혼잣말로 자답해 본다.

"장 선생, 더불어 살게."

200년 뒤의 후학에게 그는 민과 함께 살아갔던 자신의 인생을 삶의 지표로 전해 줄 듯싶다. 나는 그에게서 많은 것을 배운다. 직접 뵙진 못했지만 매년 새 학기를 들기 전에 이곳을 방문하여 그의 혼과 많은 이야기를 나눈다. 그리고 눈시울을 붉히며 다산의 혼을 달랜다.

　다산 선생! 당신의 학문적 열정과 애민 정신은 많은 후학들의 빛이 되고 있습니다.

　편히 쉬소서.

　다음 주면 개학이다. 또 다른 일 년이 시작된다. 선생으로서, 그것도 역사 교사로서 나는 새롭게 만나게 되는 아이들에게 무엇을 전할 것인가. 오늘 이곳에서 풀고 가야 할 화두이다.

대동여지도에서 발견한
우리 땅의 미덕

조선시대 최대·최고의 과학적 업적으로 인정받고 있는 지도가 하나 있다.

무얼까?

조금만 생각하면 바로 답이 나올 수 있다.

바로 고산자(古山子) 김정호 선생이 만든 「대동여지도(大東輿地圖)」이다.

호만 봐도 이분이 얼마나 우리 산천을 사랑했는지를 알 수 있다. 고산자를 해석하면 '옛 산의 자식'이니 지리학자의 호로

고산자 김정호 기념비

서는 그야말로 안성맞춤이다.

「대동여지도」의 '대동'은 우리나라를, '여지도'는 땅 전체를 그린 지도를 뜻한다. 따라서 「대동여지도」는 우리나라 땅 전체를 그린 지도임을 알 수 있다.

고산자 김정호가 이 지도를 그린(정확히 표현하면 판각한) 것은 철종 12년(1861)이었다. 축척 약 16만 분의 1로 그 크기가 무려 가로 3

미터, 세로 7미터나 되는 지도이다. 전부 펼쳐 놓으면 한눈에 보기가 힘들 정도로 지도가 크다.

일설에 의하면 고산자가 전국 방방곡곡을 세 차례나 돌고 백두산을 일곱 번 오른 각고의 노력 끝에 만들어 낸 지도라고 한다. 그러나 당시의 도로 사정이나 교통수단을 고려할 때 백두산을 일곱 번 올랐다는 얘기는 상당히 과장된 것 같다. 다만 고산자 선생이 삼국시대부터 꾸준히 만들어진 각종 지도들의 제작 노하우를 총동원하여 빛나는 결실을 맺었다는 것이 더 설득력이 있겠다.

그런데 정말 「대동여지도」는 최고라는 찬사를 받을 정도로 빼어난 지도일까?

장콩 선생은 그렇다고 말하고 싶다.

왜냐고? 다음과 같은 특징을 가지고 있기 때문이다.

첫째, 목판본이기에 맘만 먹으면 여러 장을 찍어 낼 수 있어 지도 보급에 용이했다.

대동여지도(성신여자대학교 소장) 고산자 김정호 선생이 70여 장의 목판에 새겨 22개 첩으로 만든 우리나라 전도이다.

둘째, 이전의 지도들이 지도의 여백에 지도와 연관된 내용을 글로 써 놓은 데 반하여 「대동여지도」는 현재 우리가 쓰는 지도의 범례에 해당하는 지도표(14항목 22개의 기호를 사용하여 역, 창고, 목장, 성 등을 표시)를 사용했다. 따라서 다양한 내용을 간결하고 체계적으로 표시할 수 있었다.

셋째, 10리마다 점을 찍어 표시해 놓았기에 사용하는 사람들이 쉽게 거리를 측정할 수 있었다. 특히 사람이 실제 걷는 거리를 기준으로 했기 때문에 거리 측정에 오류가 거의 없었다.

넷째, 가지고 다니기 편하도록 22첩으로 분할했다. 따라서 전체를 연결하면 매우 큰 크기의 지도지만 평소에는 접어서 책처럼 만들어 가지고 다니면 되었다. 또한 상하를 연결하면 도별 지도가 되고, 전부 연결하면 전국 지도가 되기 때문에 유용했다.

다섯째, 다른 어느 지도보다 수록된 내용이 풍부하여 사용자가 지역 정보를 손쉽게 많이 알 수 있었다.

물론 「대동여지도」가 한반도의 지형을 인공위성 사진처럼 정확하게 표현한 것은 아니었다. 「대동여지도」에 1,105개의 섬이 그려져 있지만, 섬의 방향과 거리가 정확하지 않고 북부 지방과 동해안 일부 지역은 실제와 다르게 그려져 있다.

그런데도 우리가 이 지도에 자부심을 가질 수 있는 것은 전통적인 기법으로 제작된 동양의 지도 중에서 가장 완성도가 높다는 점과 이 지도의 다양한 기록을 통해서 조선 후기 우리 땅의 모습을 생생하게 재현할 수 있다는 특징 때문이다.

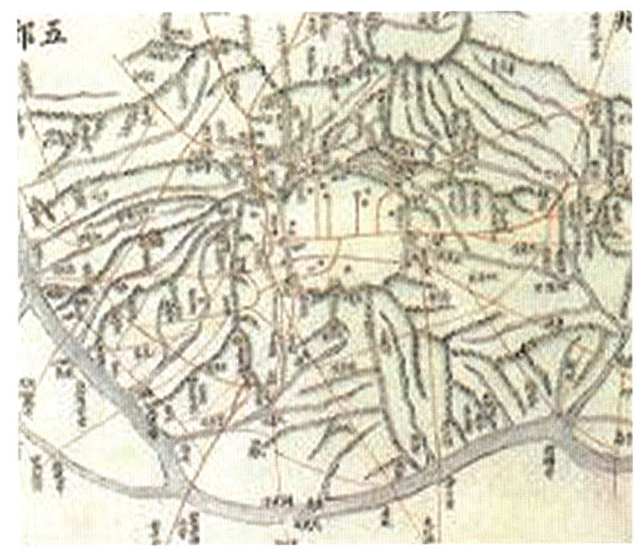

대동여지도의 경조오부도 (김정호, 1861년) 김정호가 색을 넣어 그린 대동여지도에 딸린 서울 지도이다.

어때! 이 정도 장점이면 「대동여지도」의 우수성을 인정할 수 있겠지.

아직은 시시하다고? 그렇다면 콩 선생이 이 지도의 특징을 하나 더 들어 아예 기절초풍하게 해 주겠다. 놀라서 쓰러지더라도 나는 모른다.

지금부터 시작하는 이야기는 우리 땅을 깊게 알고 사랑하자는 차원에서 말하는 것이다.

우리는 초등학교 때 우리나라 지형을 공부하면서 한반도의 척추 하면 '태백산맥'이라고 배웠다. 그러면서 태백산맥에서 뻗어 나온 소백산맥이나 노령산맥을 아무 생각도 없이 백지도에 그려댔고 지금도 그리고 있다. 하지만 고산자 선생이 그린 「대동여지도」에는 태백산맥이 없다. 물론 소백산맥과 노령산맥도 없다. 그저 굵직한 검정 선으로 표시된 산줄기와 물줄기가 서로 조화를 이루며 우리 몸의 핏줄처럼 구불구불 그려져 있을 뿐이다.

왜 그럴까?

여기에는 우리가 미처 인식하지 못한 우리 선조들의 전통 지리 사상이 숨겨져 있다. 우리 조상들은 '산은 스스로 물을 가르고 물은 산을 넘지 않는다[山自分水嶺].'는 지리관을 가지고 있었다. 「대동여지도」는 이러한 지리관을 바탕으로 작성되었기에 산줄기와 물줄기가 서로 겹치지 않게 그려진 것이다. 실제로도 그렇다. 우리 산천은 「대동여지도」의 산줄기와 물줄기처럼 사이좋게 어우러져 우리 땅을 풍요롭게 만들고 있다.

우리 땅을 산맥 개념으로 파악한 것은 우리 조상들이 아니었다. 산맥도는 일본 도쿄대학의 지질학과 교수인 고토 분지로가 우리 땅의 지질 구조를 연구한 논문인 「조선의 산악론」에 기초를 두고, 일본 정치지리학자인 야스 쇼에이가 1904년에 『한국의 지리』를 발간하며 우리나라 지형으로 그려 놓은 것이다. 그리고 우리는 일제강점기부터 지금까지 지리 교과서나 지리 부도에 이 산맥도를 그대로 싣고 있다. 하지만 산맥도는 땅속의 지질 구조를 파악하여 생성 연대나 생성 방법이 동일하면 같은

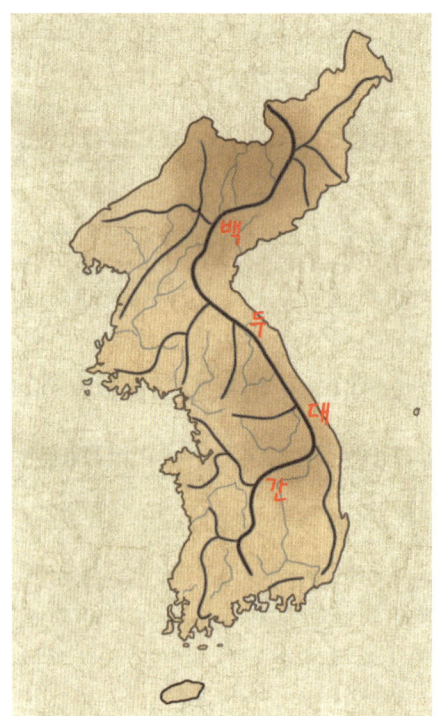

산경도로 본 백두대간 한반도 내 산들이 모두 연결되어 물 흐르는 듯하다. 우리 땅의 산줄기를 공중에서 보면 이런 모습으로 보인다.

산맥으로 표시하였기 때문에 우리가 눈으로 파악하는 실제 우리 산천의 모습과는 크게 다르다.

우리나라 산은 「대동여지도」에 나와 있는 것처럼 하나로 이어져 있기에 걸어서 종단이 가능하다. 그런데 산맥도에 나와 있는 노령산맥과 소백산맥, 태백산맥을 따라가면 산줄기가 엿가락처럼 끊어져 있고 때에 따라서 강물과도 교차되기에 국토

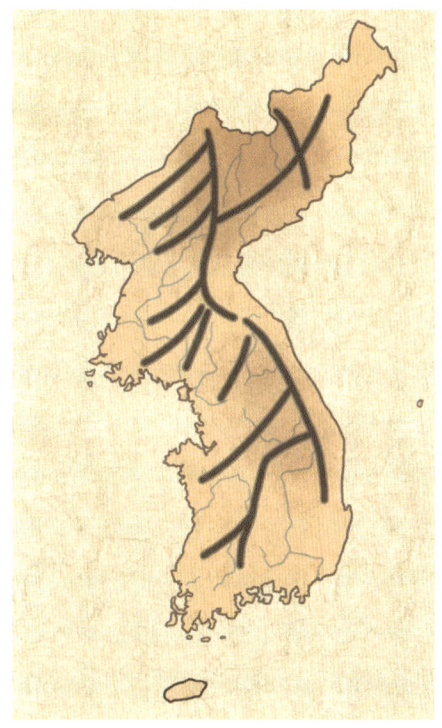

산맥도 산맥들이 엿 조각처럼 끊겨 있다. 일제가 광산 개발을 목적으로 만들었기 때문에 땅속의 지질구조가 같다고 생각되면 같은 산맥으로 파악되었다.

종단이 불가능하다.

그렇다면 우리 눈으로 보는 우리나라 지형은 산맥도와 얼마만큼 다른 것일까?

이 문제를 파악하려면 '우리 선조들이 우리나라 지형을 어떻게 이해했을까?'를 먼저 살펴야 한다.

왜냐고?

우리 조상들은 우리 산천을 땅속의 지질구조로 파악하지 않고 눈에 보이는 그대로 그려 냈기 때문이다.

조선 영조 때의 실학자 신경준은 우리 땅의 산줄기를 그린 산경표를 남겼다. 그는 "산은 물을 가로지르지 못하고 물은 산을 넘지 못한다."라고 하면서 우리 국토의 큰 산줄기를 1대간 1정간 13정맥으로 나누어 실제 눈에 보이는 모습대로 그려 놓았다. 그리고 우리 땅의 등뼈가 되는 산줄기를 백두대간이라 이름 붙였다. 물론 백두대간에 대한 인식을 신경준이 처음 한 것은 아니다. 전통적으로 내려오던 우리 민족의 지리관을 신경준이 체계화한 것이다.

이러한 신경준의 지리 인식은 후세 학자들에게도 영향을 미쳐서 김정호의 「대동여지도」, 이중환의 『택리지』 등이 이 개념을 바탕으로 나왔다. 「대동여지도」의 산길과 물길은 우리 몸속의 핏줄처럼 보이고 마치 국토 전체에 신선한 피를 제공하고 있는 듯하다.

다시 말해서 우리 땅의 산줄기는 「대동여지도」에 그려진 것처럼 구불구불 연결되어 있지, 우리가 배우는 지리책의 산맥도처럼 뚝뚝 끊어져 있지 않다는 얘기다.

뭣 때문에 「대동여지도」를 이야기하면서 구구절절 산경도에 대해 말하느냐고?

생각해 보라. 민족정기를 살리는 것이 구호를 외친다고 되는 일은 아니다. 민족의 정기를 되찾는 실질적인 길은 조상들이 물려준 좋은 전통을 계승하여 발전시키고 악습은 고쳐 나가는 것이다. 그런데 우리는 우리 땅의 지형을 그대로 보여 주는 백두대간은 무시하고 실체가 없는 산맥도만 초등학교 때부터 백지도에 그려 가며 외우고 있다. 참으로 잘못된 것이다.

일제강점기 시절에 우리 민족의 독립 의식을 고취하기 위하여 한동안 노력했던 육당 최남선(한동안이라고 표현한 것은 그가 후에 친일 행위를 했기 때문이다.)은 우리 국토가 백두대간을 등뼈로 하여 두 발로 힘껏 딛고 서서 대륙을 향해 포효하는 호랑이 형상이라고 파악하였다. 이러한 육당의 지리 인식도 전통 지리관에 입각하여 산경

우리 땅을 호랑이로 형상화한 지도

표대로 지형을 파악했기 때문에 가능한 것이다. 이에 반하여 일제는 우리 민족을 비하하기 위하여 우리 땅을 대륙에 붙어 있는 하잘것없는 토끼로 치부하여 식민지 교육에 활용하였다. 산맥도 또한 우리 땅의 지하자원을 수탈하기 위한 사전 조사 차원에서 만든 것이다.

이제는 우리가 배우는 지리 교과서에 어떤 지도가 실려야 하는지 삼척동자라도 알 수 있을 것이다. 자! 어떤 지도가 실리기를 원하는가?

1. 산맥도

2. 백두대간도

콩 선생은 2번이다.

당신은 몇 번을 선택하겠는가?

민족정기를 되살린다는 측면에서 당연히 2번이다. 고산자 선생도 지금 하늘에서 2번이라고 외치고 있다.

그러니 주저 말고 2번을 선택하자.

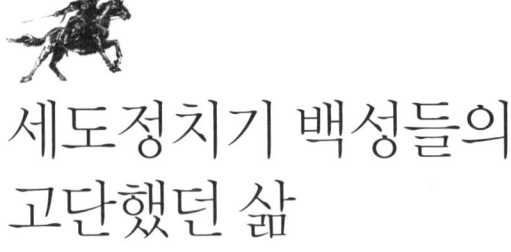

세도정치기 백성들의 고단했던 삶

외척들이 주도했던 세도정치

세도정치는 왕의 나이가 어려서 왕실의 외가 친척들이 권력을 독점하는 정치 형태로 19세기 초반부터 약 60년에 걸쳐 이루어졌다.

1800년, 문예 부흥을 이끌던 정조가 갑자기 죽으면서 그의 아들이 11살의 어린 나이로 임금(순조)이 되었다. 이런 상황에서 정치권력은 왕실과 혼인 관계를 맺은 가문으로 넘어갔고, 순조 이후에도 헌종과 철종 등 허약한 임금이 연이어 왕위를 계승하면서 안동 김씨, 풍양 조씨와 같은 세도 가문들이 3대 60년간 조선의 정치를 쥐고 흔들었다.

삼정의 문란과 아비지옥 농촌 사회

갈밭 마을 젊은 아낙 울음소리 서러워라.
관청 문을 향해 울더니 하늘 보고 울부짖네.
쌈터에 간 지아비가 못 돌아오는 수는 있어도
남자가 그걸 자른 건 들어 본 일이 없다네.
시아비 죽어서 이미 상복을 입었고 아기는 배냇물도 안 말랐는데
삼대가 함께 군적에 이름이 실리다니.
달려가서 억울함을 호소해도 문지기는 호랑이요
이장은 호통치며 소까지 끌고 갔네.
조정에선 모두 태평성대를 축하하니

그 누가 있어 바른 말로 저들을 쫓아낼까.

칼을 갈아 방에 들더니 자리에는 피가 가득

자식 낳아 안 낼 세금 많이 낸 것이 한스러워 그랬다네.

무슨 죄가 있어서 남성의 상징을 잘랐던가.

민나라 땅 자식들 거세한 것 그도 역시 슬픈 일인데

자식 낳고 사는 건 하늘이 내린 이치이고

하늘 닮아 아들 되고 땅 닮아 딸이 되지.

말, 돼지 거세함도 가엾다 하는데

대 이어 갈 사람들이야 말을 더해 무엇하리요.

부호들은 일 년 내내 풍류나 즐기면서

낱알 한 톨, 비단 한 치 바치는 일 없는데

똑같은 백성 두고 왜 그리도 차별일까.

객창에서 거듭거듭 시구편을 외워 보네.

이 시는 「애절양(哀絶陽)」으로, 세도정치기 때 전라도 강진에서 18년 동안 귀양을 살았던 실학자 정약용이 한 농민이 관청의 세금 수탈에 항의하여 자신의 성기를 잘랐다는 이야기를 듣고 지은 것이다.

관리들의 부패와 극한 상황까지 내몰린 농민들의 힘든 삶이 고스란히 녹아 있다.

세도정치기에 임금은 거의 허수아비였다. 정치권력은 세도 가문이 독점하였고, 이들의 독주를 견제할 세력이 없어 정치 기강은 문란할 수밖에 없었다. 이러한 현실에서 농민들의 삶은 피폐해질 대로 피폐해져서 살아도 사는 것이 아니었다.

당시 농민들이 국가에 내는 세금은 크게 세 종류로, 농토에 부과한 전세와 군대 생활을 해야 할 사람들에게 거두어들이는 군포, 그리고 먹고살 것이 없는 봄에 관청이 비축해 놓은 곡식을 빌려 주고 가을에 약간의 이자를 붙여 거두어들이는 환곡이 있었다. 이를 합하여 삼정이라고 하는데, 관리들은 다양한 방법으로 수탈을 하여 삼정의 문란이 아주 심했다.

삼정 중에서도 특히 환곡의 폐단은 농민들에게 극심한 고통을 안겨 주었다. 1년 동안 먹고살 곡식을 쌓아 놓고 살 수 없었던 농민들은 춘궁기에 굶어 죽지 않기 위하여 관청에 비축해 놓은 곡식을 빌려 갈 수밖에 없었다. 그런데 탐관오리들은 곡식을 빌려 줄 때 곡식과 이물질을 함께 섞어 빌려 주고 가을에 받아들일 때는 질 좋은 곡물로만 받아들여 그 차액을 착복하였다. 심지어는 빌려 주지도 않은 곡식을 장부에는 빌려 줬다고 기록해 놓고 가을이 되면 거짓 장부를 내놓으며, 봄에 빌려 간 곡물을 갚으라고 윽박질렀다.

따라서 세도정치기의 농촌은 칼만 안 들었지 날강도나 다름없는 관리들 때문에 도저히 살 수 없는 아비지옥이었다.

탐관오리에 맞서는 농민들

삼정의 문란과 탐관오리의 착취로 많은 농민들이 고향을 버리고 정처 없이 떠도는 유랑민이 되어 산간벽지로 들어가 화전을 일구거나, 도시 또는 광산으로 이동하여 노동자 생활을 해야 했다. 심하게는 국경을 넘어 간도나 연해주로 이주하여 황무지를 개간하며 새로운 인생을 사는 경우도 있었다.

그런데 문제는 여기서 그치지 않았다.

탐관오리들은 자신들의 부를 축적하기 위하여 고향을 떠난 사람들의 세금을 남아 있는 친척이나 이웃 사람들에게 물렸다. 따라서 고향에 남은 농민들의 부담은 더욱 무거워졌으며, 살림살이는 날이 갈수록 더 궁핍해졌다.

농민들은 참고만 살 수 없었다.

관리의 부정을 입에서 입으로 퍼뜨리거나, 부패한 관리들에게 경고를 하는 내용의 글을 사람이 많이 다니는 길목에 부착하여 관리들의 경각심을 일깨우려 했다. 하지만 사정은 달라지지 않았다. 결국 농민들은 세금 납부를 거부하거나 사람들을 모아 항의 시위를 하고, 관청을 습격하거나 도적의 무리에 가담하는 등 과격한 행동을 통해 자신들의 불만을 표출하였다.

1811년 평안도 지역에 큰 흉년이 들어 민심이 극도로 흉흉해지자 몰락 양반인 홍경래는 탐관오리들의 횡포와 부당한 지역 차별에 불만을 품고 있던 평안도 사람들을 모아 '세도정권 타도'라는 뚜렷한 명분을 가지고 봉기를 일으켰다.

이 난은 비록 실패하였으나, 한때 청천강 이북의 여러 고을을 점령할 정도로 기세등등하여 조선 조정을 뜨끔하게 만들었다.

홍경래의 난 이후에도 전국 각지에서 농민 봉기가 잇달았다. 농민들의 봉기는 세도정치기 내내 일어났지만, 철종 때에 가장 심했다. 특히 1862년에는 70여 곳에서 봉기가 일어나 조선 땅을 크게 흔들었다. 그중에서 대표적인 봉기가 경상도 진주에서 일어난 농민 봉기이다. 경상 우병사 백낙신이 부당하게 세금을 걷으려 하자 몰락한 양반 출신의 유계춘이 농민들을 주동하여 "탐관오리들이 훔쳐 먹은 환곡을 다시 백성들에게 거두지 마라."라고 주장하며 대규모 시위를 벌였다. 정부가 박규수를 파견하여 난을 일으킨 사람들을 설득하는 한편 강경책을 펴서 수습하기는 했으나, 이 난은 농민들의 정부에 대한 불만이 얼마나 컸는지를 잘 보여 주는 봉기였다.

장콩 선생의 우리 역사 이야기 2

펴낸날	초 판 1쇄 2004년 9월 13일
	초 판 13쇄 2011년 8월 30일
	개정판 1쇄 2011년 12월 26일
	개정판 10쇄 2024년 12월 5일

지은이	장용준
펴낸이	심만수
펴낸곳	(주)살림출판사
출판등록	1989년 11월 1일 제9-210호

주소	경기도 파주시 광인사길 30
전화	031-955-1350 팩스 031-624-1356
홈페이지	http://www.sallimbooks.com
이메일	book@sallimbooks.com

ISBN 978-89-522-1656-4 13900

살림Friends는 (주)살림출판사의 청소년 브랜드입니다.

※ 값은 뒤표지에 있습니다.
※ 잘못 만들어진 책은 구입하신 서점에서 바꾸어 드립니다.